U0535171

儒学与明治维新

[日]小岛毅 —— 著

陈健成 —— 译

光明日报出版社

图书在版编目（CIP）数据

儒学与明治维新 /（日）小岛毅著；陈健成译. -- 北京：光明日报出版社, 2022.5（2024.3 重印）
ISBN 978-7-5194-6423-3

Ⅰ. ①儒… Ⅱ. ①小… ②陈… Ⅲ. ①儒家—研究—日本 Ⅳ. ① B222.05 ② B313

中国版本图书馆 CIP 数据核字 (2022) 第 000916 号

JUKYO GA SASAETA MEIJIISHIN
©TSUYOSHI KOJIMA 2017
Originally published in Japan in 2017 by SHOBUNSHA Co.,Ltd
Chinese (Simplified Character only) translation rights arranged with SHOBUNSHA Co.,Ltd. through TOHAN CORPORATION, TOKYO.

版权登记号：01-2021-6765

儒学与明治维新
RUXUE YU MINGZHIWEIXIN

著　　者：[日]小岛毅	译　　者：陈健成
责任编辑：许黛如　曲建文	策　　划：张　鹏
封面设计：尬　木	责任校对：傅泉泽
责任印制：曹　净	

出版发行：光明日报出版社
地　　址：北京市西城区永安路106号，100050
电　　话：010-63169890（咨询），010-63131930（邮购）
传　　真：010-63131930
网　　址：http://book.gmw.cn
E-mail：gmrbcbs@gmw.cn
法律顾问：北京市兰台律师事务所龚柳方律师

印　　刷：天津雅图印刷有限公司
装　　订：天津雅图印刷有限公司

本书如有破损、缺页、装订错误，请与本社联系调换，电话：010-63131930

开　　本：143mm×210mm　　　印　　张：6.5
字　　数：134千字
版　　次：2022年5月第1版
印　　次：2024年3月第3次印刷
书　　号：ISBN 978-7-5194-6423-3
定　　价：58.00元

版权所有　翻印必究

目 录

前言　1

1　支撑明治维新的思想

朱子学、阳明学在日本的接受与幕末维新：学史为鉴　7

源自中国的志士思想　15

江户时代对儒教的接受：以冈山为例　23

保科正之及其同志：江户儒学的黎明　44

2　朱子学传入日本

日本朱子学的形成：从文化交涉学的角度探讨　55

日本对朱子学、阳明学的接受　66

五山文化研究导论　85

梦窗疏石私论：超越怨亲差别　106

3　东亚之中的日本

日本古代史之省思：从东亚角度探讨　　131

日本与中国　　137

从丰臣政权出兵朝鲜考察日本外交的狭路　　141

所谓东北亚交流圈：从王权论的角度探讨　　161

中华的历史观：以春秋学为中心　　179

后　记　　202

出版后记　　204

前　言

明治维新是什么呢？

对于生活在日本的我们，这是一个重要的问题。①

最流行的标准答案，大概是"为了挣脱古代以来的旧体制、建立西式近代国家而做出的一系列变革"。有国民作家之誉的司马辽太郎在《坂上之云》（1968—1972年连载于《产经新闻》）等作品中，也表述过如此看法。当时正值"明治百年"，自民党政府（佐藤荣作内阁）还组织过一系列歌颂明治维新的盛大活动。

但真是这样一回事吗？

近年，学界内出现了如下的种种见解，并逐渐形成共识："学校制度能在明治时代顺利普及，得益自江户时代所奠定的基础"（辻本雅史）、"江户时代研究学问的环境和方法，成为维新志士政治评论的土壤"（前田勉）、"明治时代以来儒教渗透至全社会"（渡边浩）、"明治维新是一系列机缘巧合下成功的革命"（三谷

---

① 本书是由作者在日本各场合的演讲稿和发表的文章汇集而成。又，本书尾注为作者注释，脚注为译者注释。

博)、"江户幕府中已有具备西式外交手腕的优秀人才"(真壁仁)、"就长崎的兰学而言,当时对西洋近代科学的吸收已达高水平"(广濑隆)等。至于"江户时代已现近代思想之萌芽",早自丸山真男已有所主张,近期则有苅部直为之揄扬。此外,一些非难萨长藩阀政府的自以为是、解构"明治维新"这尊人为制造的偶像的一般书籍,也在陆续出版。

本书在赞同这些观点的同时,将以稍微不同的角度来考察明治维新:时期上并不限于江户时代,而是往更古老的年代追溯,以梳理儒教在日本历史上的角色。

诞生在这座列岛的政治组织(从前的教科书称作"大和朝廷",现在的教科书则称作"ヤマト政权"①),在以"日本"为号、缔造一个独当一面的国家时,所参照的是作为世界中心的邻国唐朝。通过效法唐的政治秩序、社会组织,日本在8世纪初大体完成了所谓"律令国家"的建设。而教科书中未曾明言的是,让中国设计出律令制度的理念,正是儒教思想。日本人与儒教的因缘,首先始于对国家体制的接受。

此后,中国的儒教随着宋学(朱子学正是其中一派)的登场而发生了变化。儒教在继续作为政治、社会之根本的同时,变得日益重视个人的人格修养。13世纪由宋传入日本的禅宗,引入朱子学的知识,将其当作僧侣教养的一部分。17世纪的江户时代,朱子学从禅宗寺院独立出来,紧接着在儒教之中也出现了批判朱子学的思潮。到19世纪,由于教育设施(藩学等)的设立,儒教

---

① 读如"yamato"。一般写作"大和",但在本书中作者指出两者有别,详见下文。

教义的内容在武士之间广泛渗透，使他们孕育出改革国政的大志。此为明治维新的思想资源。

笔者所使用的思想资源，其语义是"在酝酿某种思想时所使用到的材料"。就此而言，它与"起源"和"影响"等词意趣迥异。毕竟从语感上讲，前者是以上游向下游的运动来比喻时间上由前到后的必然发展；后者则是指在既有事物上附上外来之物。至于"思想资源"则并非如此，是指该思想在形成过程中不可欠缺的质料。

职是之故，笔者无意主张"明治维新是基于儒教教义的政变"。明治维新从名义上讲是根据日本自古以来的神道而施行的王政复古，而就其实质而言，则是效法西方列强而推行的国家建设。可是在纵观自遣唐使以来中国文化输入日本的历史后，笔者不免感到，明治维新"做的是同样的事"。乃至当下的社会，也是受"世界标准"（global standard）这个奇怪词语的左右而在发生转变的，这不禁令人想起我们昔日走过的老路。

总之，通读本书之后，读者诸君对儒教的认识和对明治维新的看法倘能略有改变，笔者将不胜荣幸。

1

支撑明治维新的思想

朱子学、阳明学在日本的接受
与幕末维新：学史为鉴

朱子学和阳明学，都是在中国诞生的儒教流派。

以活跃于公元前 6—前 5 世纪的孔子为始祖的儒家思想，经过和墨家、道家、法家诸学派的对立、论争，在公元前 1 世纪到 1 世纪期间，逐渐巩固了其作为汉帝国御用学问的地位。基于被称为"经书"的神圣典籍，以及被称为"纬书"的新出文本群，一门具备思想体系的学问——儒教成立了。接下来，在经历儒教内部的对立（主要是今文学派和古文学派之间围绕经书文本产生的对立）后，到 7 世纪的唐初，朝廷颁布了《五经正义》这部标准注释集，试图实现教义的一统。

重视"仁义"的朱子学的诞生

虽说如此，随着唐帝国实力的衰退（或者说与其实力成反比的是），思想界再次活跃起来，在儒教教义方面也出现新的见解，领导者之一是著名文人韩愈。韩愈推崇孟子，认为他是孔子的正统继承人。韩愈还认为到当时为止的儒教偏向于外在的礼，为此强调要重视内在的部分，要重新评价孟子所提倡的仁义。

到韩愈身后三百年的11世纪后期，这一趋势日益显著。此时已是赵宋的天下，著名政治改革家王安石、作为多才多艺的文化人而闻名于世的苏轼，都曾引领一时潮流，不过最终则是程颢、程颐兄弟一派的学说成为主流，这一脉下嗣后还有朱熹出现。他与孔子、孟子等人并肩，得到"朱子"这一敬称，朱子学即成于其手。

"理"与"气"相结合的世界观

朱子学认为，构成世界成立之原理是"理"（日语中"原理"一词也受其影响）。理本身没有形态。而世界中的一切存在，都是本于理、将理内在化后才得以成立的。构成这些存在物的是阴阳五行的各种组合，而其核心则是"气"。气是中国自古就有的概念，但朱子学的意义在于，将气与理结合起来组织论述，描绘出精致的世界图景。

朱子学还认为，人类和其他事物一样，也是气的汇集，而理为其内在。至于理的具体内容，则包含对双亲的孝、对君主的忠这些伦理上的道德准则。它们的存在与自然法则一样，并非出于个人意志的规定。根据朱子学的解释，某人会不孝、不忠，是因为他在邪气（欲望等）的妨碍下，看不清从而偏离了内在于自身的本来之理。

因此，就思想史而言，朱子学的特点在于比汉代儒教更加重视个人内在的修养。虽然汉代儒教绝非轻视这一方面，但朱子学者正是如此看待前者的，特别批评前者对纬书的利用，认为这是脱离孔孟本意的邪道。在经典解释方面，朱子学者极力清除纬书来源的解释，同时鲜明地倾向于诉诸读者本身的主体性。程氏兄弟盟友张载所主张的"为万世开太平"的气概，以及据说是张氏之师、堪称王安石前辈的改革者范仲淹的"先忧后乐"精神，共同构成了这些学者思想的核心。他们就是出身于士大夫阶层，以科举（选拔高级官僚的考试）为目标，充满经世之志的一群人。

朱子学的困境及阳明学的诞生

历经曲折之后，朱子学开始担当起支撑王朝体制的角色。但出于古今东西的通病，朱子学此后因其思想的教条化及僵硬化而失去了活力。15世纪末即明中叶，很多爱好思考的士大夫，也为此屡屡碰壁，苦恼不已。

王守仁（号阳明）最初也是作为笃实的朱子学者在修行，随后苦恼于此而索性放荡起来。在忤逆权臣而左迁僻地后，他才廓然大悟："向来遵循朱子教诲，不断修行，以求明理。求而不得，不由烦闷。其实理内在于我等心中，何曾居于心外。"

朱子学本身已是重视内在的学说，阳明学则更进一步，强调个人要让内心回归本来的状态。

将朱子学传到日本的禅僧

朱子学与阳明学两者都与佛教中的禅学思想关联紧密。时而学禅，时而加以批判，乃至时而禅学一方又从朱子学、阳明学处得到启示——中国近世思想史正是在这样的过程中展开的（此外，道教的动向也与儒教有密切关系，但因对日本的直接影响较小，故从略）。也正是因此，朱子学、阳明学其实是依附于禅宗系统而传入日本的。

荣西禅师两次入宋，正好是朱熹活跃的时期，但两人并未见面。临济宗由荣西传入日本后，在13—14世纪期间，和他同样入宋学禅再传回日本的僧人层出不穷，也有不少赴日宋僧活跃一时。朱子学就是由这两者传来日本的。

换言之，朱子学并不是由日本的儒者入宋留学、习得后带回日本的。因此，中国和韩国的朱子学，和日本所接受的朱子学存在决定性的差异。无论是在发源地的中国，还是在蒙古帝国时代因政治实力关系而不得不向北京称臣的高丽王朝，肩负起朱子学的人，都是以儒教为生活信条的士大夫。

江户时代由禅宗独立的朱子学

然而，日本的情况则是禅宗的僧侣在留学途中，像副修科目一样习得朱子学，传回了祖国。为此，作为儒教支柱的"礼"的实践——具体而言就是冠婚葬祭的做法，未能在日本扎根。禅僧仅仅从中国带回了佛教式的仪礼，朱子学式的仪礼则从未得到践行。不过，正如加地伸行氏《儒教是什么》(《儒教とは何か》，中公新书，1999)一书所强调的那样，中国佛教的生命礼仪，本来就是渊源自儒教的仪式。

到江户时代，朱子学终于脱离禅宗寺院而进入教育和研究的领域。藤原惺窝、林罗山、山崎闇斋这几位17世纪的朱子学者，早年都有求学于禅宗寺院的经验。通过他们对门人的栽培，朱子学终于从禅宗中独立出来。此后不久，还出现了像伊藤仁斋和荻生徂徕这样的思想家，他们对朱子学抱有疑问，各自为此提出了一家之言。

成为倒幕运动精神支柱的阳明学

与此同时，作为朱子学变种的阳明学，也通过书籍（而非阳明学者赴日）传扬开去。中江藤树起初学的也是朱子学，最终产生怀疑，晚年（他四十岁去世，这里是指其三十多岁时）刚接触到阳明学，便为之倾倒。也就是说，他和王阳明，以及仁斋和徂徕（就时代而言藤树是后两者的前辈）都不约而同地走上了先学朱子学、而后从中脱离的道路。

到幕末，无论是吉田松阴，还是西乡隆盛，都带有江户儒学的这种特质。两人据说都醉心于阳明学，自井上哲次郎（《日本陽明学派之哲学》，1901）以来，就被视为幕末阳明学者中的代表人物。而且按井上等人的理路来讲，阳明学本来所带有的革新倾向，也成为他们所主导的倒幕运动的精神背景。

笔者曾尝试将这一"故事"相对化（《近代日本の陽明学》，

讲谈社选书 Metier 系列，2006），整理阳明学在幕末、明治以后得到了怎样的讲述。其中着重探讨的是，幕末维新时期掌控话语权的人在将吉田松阴和西乡隆盛（和松阴并称时，应根据其号称作"西乡南洲"）的思想定性为阳明学时，究竟怀揣着什么意图。

让维新得以成为可能的"朱子学对阳明学"简化模式

日本在亚洲诸国中最早转型为西式近代国家，而在促成这一飞跃的背景中，的确有阳明学式的精神存在。"倒幕"这个伟大的想法，这个武士自己打倒镰仓幕府以来武家政权体制的运动，是很接近阳明学的思想的。然而，这并不是因为"他们是阳明学者，而富有进取革新的气魄"，而应该是"因为是有志社会改革的人，所以醉心阳明学"。日本在接受朱子学、阳明学时，本来就撇开了具体的"礼"的世界，仅在观念层面谈论这两种思想，这就导致人们倾向于用"维护体制的是朱子学，变革运动的是阳明学"这种简化模式，来概括幕末维新期史。

朱子学（亦称宋学）被当作江户幕府的御用学说，受到包括丸山真男和司马辽太郎在内众多论者的批判。然而，江户幕府其实是依靠佛教（寺请制度）在统治民众的，朱子学只是偶尔作为新井白石和松平定信等当政者的理念在发挥作用。应该注意的不如说是，它提供了一种学术上的知性，为兰学的引入提供了基础，从而在近代西洋学问体系的移植方面扮演了培养基的角色。明治时代的能吏大多具备朱子学的素养。实际肩负起日本近代化重任的，其实不是带有阳明学风、气宇宏大的革命家，而是带有朱子学风、踏实冷静的实务家。毕竟，"理"不应该往自己心中摸索，而需要向外探求。

作为现代之鉴的幕末维新

实务家中的代表人物是大久保利通和伊藤博文。前者是西乡的盟友，后者则出自松阴门下。西乡和大久保的气质相反一事时常被人提起，这里无须援引司马辽太郎《宛如飞翔》(《翔ぶが如く》①)为证。而在大久保被暗杀后，作为其后继者、事实上缔造了明治国家的就是伊藤。吉田松阴在松下村塾发现了"斡旋高手伊藤利助②"的气质。按"朱子学对阳明学"这一框架来讲，这二人显然是秉持朱子学的心性和信条的。

明治国家能实现近代化，或许正因阳明学的志士早早退场（比如松阴被处死，西乡则发动叛乱），朱子学的能吏则身居政府中枢（虽然大久保被暗杀）。这真是黑色幽默。

三岛由纪夫在1970年切腹之际，似乎曾将阳明学者大盐中斋（平八郎）作为自己内心投射的对象。他在东京大学驹场校区与全共斗③有过对话，笔者则认为双方其实都具有阳明学的心性。三岛凭借自己敏锐的嗅觉，发现了学生们与自己是一路人。

---

① 标题中的"翔"字典出《诗经·小雅·斯干》，小说主要讲述大久保与伊藤在维新事业上如兄弟一样互相扶持的故事。
② 利助是伊藤博文的小名。
③ 全学共斗会议的简称，是在1968—1969年日本各大学的学生运动中组织起来的团体。

当年的是非姑且不提，不过笔者认为全共斗和幕末倒幕派志士都具有"阳明学"的气质。他们视之为仇敌的，则是"朱子学式"的官僚体制。如今虽说五十年过去了，这样的气质恐怕仍然存在。

用"政治家主导"这种冠冕堂皇的理由去排斥朱子学的能吏，到了要解救幕末维新期这种前所未有的国难时，却招来政废国危的结局——想到这里，就令人恐惧不已。在对大久保的评价上，西乡的确是颇具眼力和胆识的。幕末维新时期，或许可以成为我们的鉴戒。

本文初载于《人間会議》夏季号（宣传会议，2011）。该号是"两间私塾改变了日本：以幕末明治为榜样的变革时期人才培养"（"私塾二つで日本が変わった：幕末明治に学ぶ変革期の人づくり"）的特集，收录了赞美吉田松阴的松下村塾和绪方洪庵的适塾的各种文章。笔者正是有意立异，才撰写了这篇看似格格不入的文章。

源自中国的志士思想

《论语》的普及

志士仁人,无求生以害仁,有杀身以成仁。(《论语·卫灵公》[1])

志士不忘在沟壑,勇士不忘丧其元。(《孟子·滕文公下》[2])

志士,是幕末时期的年轻人心向往之、力图践行的生活方式。

公元2世纪时,东汉的《孟子》注释家赵岐谓"志士,守义者也"。千年之后,南宋的《论语》注释家朱熹(朱子)则称"志士,有志之士"。具有高远志向、信守正义的人,就是志士。

《论语》和《孟子》很早就进入了日本读者的视野。《古事记》记载,《论语》是在应神天皇时自百济传来的。如今历史学界并不视之为信史,但这些书无疑在很早以前就已不乏贵族读者。

还有，18世纪国学家上田秋成所著《雨月物语》中，西行法师的台词提到"载着《孟子》的船因触犯神怒而沉于海中，并未到达日本"，但其实《孟子》在平安时代已传入宫廷。所谓的国风文化，也是以汉籍修养为基础才绽放异彩的。不过，这只是就京都上流阶级而言。当时，《论语》和《孟子》仍然是与生活在日本列岛的大多数人不相关的书。因此，"志士"一词此时还无足轻重。

成书于14世纪南北朝时代、作者不详的军记物语《太平记》中，有儿岛高德这号人物。有人认为他是虚构人物，不过在他最活跃的一幕中，其台词引到前揭《论语》一节，表现出他为了营救被镰仓幕府囚禁的后醍醐天皇，即使牺牲性命也在所不惜的决心。

19世纪初赖山阳的《日本外史》收录了《太平记》中儿岛高德的上述台词。《日本外史》描写了平安时代源平两家兴盛以来武士的历史，是当时的武士学习本群体历史的书籍。还有，随着朱子学的普及，《论语》《孟子》不再是贵族（公家）和僧侣的专利，武士和富裕的农民、市民都有机会读到。

于是，当时的年轻人开始自许为替天皇陛下警恶惩奸的"志士"。

从庶民的视角解释中国思想

儒教经典中有一部叫《春秋》的史书，一般认为由孔子本人编纂而成。由于是历史书，书中记载了很多事件，而后世认为孔子在事件的记叙上非常讲究,试图借此批评事件的当事人。例如对君主遇弑视而不见的大臣,在书中就被当作罪犯来记录。作为彰显正义之所在的典籍,《春秋》在东亚成为史书的典范,《日本外史》也继承了其思想。

解释《春秋》正文的学术,叫春秋学。春秋学的内容因时而异,在成于朱熹之手的朱子学中,备受推崇的是其中的大义名分论。君父无日不可不尊,维护中华文明义不容辞——春秋学中生发出来的"尊王攘夷"观念,在朱子学中受到特别强调。

"尊王攘夷"在《春秋》中本来是拱卫周王朝,不让汉族以外的人侵入中国的中心地(中原)的意思;在朱熹的时代,被用来维护汉族政权宋朝的正统地位,排斥异族的辽、金、蒙古(元);而在19世纪的日本,则解作"天皇(而非将军)才是王,不可让(不懂汉字和儒学的)西洋人来到列岛"。歌颂对作为王的天皇尽忠之举的"勤王"一词,也成为流行语。因日本君主与周代不同,不是"王"而是"天皇",所以也出现了"尊皇""勤皇"之类的表述(本书下文仍作"王")。

尊王攘夷志士之一的吉田松阴,号召"草莽崛起"。他认为上流的统治阶层不足依恃,大力倡导被称作人民的普通人走向政治觉醒,为恢复日本以天皇为中心的原初国家形态(即所谓"国体")而奋起。"草莽"屡见于《春秋》的注释书《左传》,但松阴当时想到的可能是《孟子》的这一句:

> 在国曰市井之臣,在野曰草莽之臣,皆谓庶人。(《孟子·万章下》)

在孟子的时代,"国"是诸侯国都之义。在都会的人是市井之民,在农村的则是草莽之民。孟子的原意是说这样的庶民也是侍奉诸侯之人,理应得到重视,因此这是一句讲给为政者听的话。朱子学则逆转了解释的方向,认为这是讲给一般读者听的话,意思是"就算只是庶民,也应具有作为臣下的自觉"。16世纪诞生的阳明学进而生发出一种倾向,主张"在野"之人也有议论国事的资格。

松阴以"草莽"相称的,不是住在(可谓"市井"的)江户和京都,而是长州的萩的同胞友人们。于是,他是站在上述的中国《孟子》解释史的延长线上,来倡导同胞们的"崛起"的。松阴开设《孟子》讲读会一事,也颇为有名。

上田秋成在《雨月物语》中借西行法师之口,表示由于日本国情不适合革命,认可革命的《孟子》与众神之意相抵牾。然而到幕末,舆论则转而开始号召庶民奋起变革世界。

松阴出于"遏止不住的大和魂"[①],计划暗杀老中[②],最后作为政治犯被处死。但其遗志得到弟子们的继承,促成以长州藩为中心的讨幕运动。不过,他们并未将此称为"革命"。在儒教中,"革命"是王朝交替的意思。既然目的在于让天皇恢复大权,那么此语就显得不合时宜。这次体制变革起初称为"御一新",后来渐渐出现"维新"的说法。

---

① 松阴准备偷渡到美国学习西洋事务而被捕时所写和歌中的一句,这里代指此事。
② 幕府的高级文官,其首席为大老,但不常设,更多时候是由老中执政。松阴试图暗杀的老中是与洋人缔约的越前鲭江藩主间部诠胜(1802—1884)。

"维新"典出《诗经》，来自赞美周王室的诗句。"维"是发语词，并无特别意思。训读则作"これあらたなり"。因而，这二字虽非熟语，但与"革命"大异其趣，而和"（大化）改新"①或"（建武）中兴"②等词相近，由此得到政府采用。虽然其出处是《诗经》，但这一表述还见于《大学》[3]这部朱子学入门必读书籍，可能这才是它被政府选中的主要原因吧。

中国文明的影响

与儒学（儒教、汉学）并肩、堪称尊王攘夷运动思想渊源的学问，是国学。国学认为，日本依据天照大神的神敕，拥戴万世一系的天皇为君主，具备万邦无比的国体，是得到八百万众神庇护的上国。就其背景而言，最初是为了与源自中国的儒教和源自印度的佛教对抗，这种强调日本的特殊性和神圣性的观念才应运而生。

虽说如此，到19世纪中叶，随着西洋文明通过兰学而在日本广为人知，国学的观念开始将矛头转向西洋文明，特别在幕末为坚持锁国的人所信奉。

但是，事实上国学并非"日本自古以来的内生传统"。国学的起源大概可追溯到平安时代的国风文化。其中心是"敷岛之道"，即和歌的研究和实践。不过，在被认为是国风文化、假名文学时

---

① 指自645年开始的废除豪族专政、仿照唐朝建立中央集权国家的改革。
② 指从1333到1336年后醍醐天皇为集权需要而推行的一系列新政。

代的平安时代后期，汉诗文的研究和创作仍享有更高的文化地位，而和歌和假名则是"国风"，其原义是"带地方特征的文学"，受重视程度是不如汉诗文的。"国风"一语是儒教经典《诗经》中的类别用语，是指"地方（而非宫廷）的歌"。

待到政治实权移入武家的幕府后，京都的公家开始致力于发扬文化上的专长，以标榜自己的存在意义。像《古今和歌集》和《源氏物语》的解读权威就长期限定在公家的某些家族中。

到18世纪，出现了契冲、荷田春满、贺茂真渊这些与公家文化划清界限的人。一直以来的传统是对《古今和歌集》推崇备至，真渊则提倡对《万叶集》进行重新评价。以真渊弟子自居的本居宣长，重新注解了《源氏物语》，并建立以《古事记》为神道典籍的历史观，力图驱除"汉意"，提倡"大和心"或者说"和魂"。

特别是在宣长身后，自称其私淑弟子的平田笃胤一系，对外国带来的政治危机反应敏感，希望能以天皇为中心排除外国的影响，维护日本的独立性和纯粹性。尊王攘夷派的志士中，不少人出身于平田派国学。

然而，正如国学的上述起源所示，他们的想法决非"日本自古以来的传统"。其实，天照大神宣称自己子孙永远统治日本的所谓神敕（天壤无穷之神敕），在宣长重新评价过的《古事记》中并无记载，而是一出仅见于《日本书纪》的插曲。《日本书纪》由于是用正规汉文写成的，被宣长批评为"汉意"。客观上讲，这个评价说得不错。毕竟，"天壤无穷"一语，无论从想法还是从表现方式（汉字）来看，都摆脱不了中国文明的影响。

"万世一系"也是来自秦始皇宣称子子孙孙将一直作为皇帝统治世界的构想。中国和韩国都存在王朝交替,只有日本最终实现了万世一系,尽管历经曲折。从这层意义上说,的确如国学派所言,日本是特殊的。

可是,这一价值观其实在中国也有共鸣。10世纪到访宋廷的奝然,进呈了根据《日本书纪》而作的天皇谱系图,宋太宗见此而发出了钦羡的感慨。[1] 可见对万世一系的欣赏并不只是日本人的价值观。

由此可见,鼓舞着幕末志士的不少语词都扎根于自大陆传来的思想。本居宣长和吉田松阴对"大和魂"的运用停留在精神论的层面上,而志士们在被称为"志士"时,实际上已与"汉意"的话语空间——儒教,发生了千丝万缕的联系。

注

〔1〕《论语》一书由儒家其中一派编成,收录了孔子(前551—前479)的言行,以及他与弟子、诸侯、隐者之间的问答。其成书过程尚不明确,大概来自门人之间所累积、传承的记录,一些如今难以认为是孔子本人言行的记录也被收入其中。一般认为成书于公元前200年左右。其内容包括处世的道理,有关国家、社会伦理的教诲,正确的礼仪做法,政治论,以及门人对孔子的看法等多方面。书中将"仁"当作人类最高的德性,而通往仁的途径就是学习礼乐。本书是了解儒教原始理念,以及周代

---

① 事见《宋史》卷491《日本传》:"上闻其国王一姓传继,臣下皆世官,因叹息谓宰相曰:'此岛夷耳,乃世祚遐久,其臣亦继袭不绝,此盖古之道也。'"

政治、社会情况最基本的资料。

〔2〕《孟子》一书记载了孔子思想继承者的孟子（活跃于公元前4世纪）言行，由其弟子编成。书中以性善说为中心，论说仁义礼智，提倡王道政治。在江户时代，该书随着朱子学的流行而成为必读书。孟子继承孔子关于仁的思想，并用仁义二字加以阐释。他提倡性善说，强调以仁义为本的王道政治。由于对本性和天的强调，该书的观念性很强。该书致力于推广五伦等封建伦理，另一方面却主张废黜失德的君主，因而在封建体制下也曾受过非难。本书是儒学的必读经典。

〔3〕《大学》相传由孔子与曾子（约前505—前435）合著，也有说法认为是曾子及其门人的作品，但其实应是公元前3世纪的著作。该书本是《礼记》的一篇，宋代以后独立成书，经朱子校订而形成今本。北宋时程颐认为这是"孔氏之遗书"，未曾明言是谁的著作，南宋时朱子则将《大学》分为经、传，主张经是孔子所作，传是曾子所作。不过，其论据颇为薄弱。该书认为大学教育的目的是"明明德、亲民、止于至善"，而为实现这一目标，又提出"格物、致知、诚意、正心、修身、齐家、治国、平天下"的修养次第，至于其终极目标则是"修己治人"。

本文初载于《歷史読本》2011年6月号（新人物往来社）。该期是特刊，题作《改变时代的幕末英雄与组织》（《時代を変えた幕末英雄と組織》），内容上涵盖松下村塾、土佐勤王党、新选组、海援队等。笔者应"特刊研究"之邀而撰写本文，尝试解释：不论为佐幕还是为倒幕而拼上性命活动的志士，其思想资源其实都是儒教。

江户时代对儒教的接受：以冈山为例

（2010年2月11日讲于冈山市内）

关于2月11日的纪元节

每年2月11日的建国纪念日，过去叫纪元节。其根据来自《日本书纪》所记神武天皇即位之日："辛酉年春正月庚辰朔，天皇即帝位于橿原宫。"也就是说，初代天皇神武天皇是在元旦即位的。这时的元旦，是按所谓的旧历，即东亚共通的历法来算的。

明治维新后的明治五年（1872），日本决定采用西洋的太阳历（1582年制定的格里高利历）。这时，神武天皇即位日——对日本国来说值得纪念的这一日，是与一直以来定在1月1日的做法一样，移到阳历的1月1日，还是用别的方法处理，成为当时政府的一项课题。

太政官这个在律令制时代曾经存在的官署，在明治时代作为实权机构得到复活。太政官公告提到："第一月廿九日，与神武天皇御即位日相当，因此规定为祝祭日……"这是因为明治六年起开始改用阳历，旧历的1月1日相当于明治六年的1月29日。

"神武天皇御即位日，称为纪元节"——至此，纪元节之名终于确立。

阳历和旧历有大概一个月的差距。比如2010年的2月14日相当于旧历的1月1日，由于中国、韩国的人至今仍按旧历放正月假，以这一日为中心，这些地区现在正好进入年末年初的休假。

前揭太政官公告认为明治六年阳历1月29日相当于旧历1月1日，因此打算将1月29日作为神武天皇即位日而定为祝祭日。如果这一法令继续有效的话，那么今天日本的建国纪念日仍会是1月29日。不过事实并不如此。

究其缘由，是因为根据明治六年的太政官公告344号，纪元节将改定在2月11日。这是因为在明治七年，旧历1月1日是在太阳历的2月11日。明治六年是1月29日，明治七年则是2月11日，由于旧历的新年所对应的阳历日期总在变动，纪元节也将年年不同。如此一来非常不方便，因此以后就将纪元节固定在阳历的2月11日。于是，仅在明治六年是以1月29日为纪元节，明治七年以后到今日为止，均以2月11日为纪元节，即建国纪念日。也就是说，2月11日会成为建国纪念日，仅仅是明治七年时刚好如此才定下来的偶然之事，若按明治六年的日期则该是1月29日，换成这一天似亦无妨。

宣扬儒学大义名分的明治维新

按《日本书纪》纪年，神武天皇即位之年，相当于公元前660年。19世纪末的历史学者那珂通世认为，这一年份是编纂《日本书纪》的学者们根据辛酉革命这种古老的观念构拟出来的。本来在公元前7世纪,文字和历法还未从中国传来日本,所以从历史的角度讲,神武天皇不可能会在这年元旦即位。

但在江户时代,出现并流行一种基于儒学大义名分思想而带有非现实色彩的观念,认为纵然是将军,也不过为天皇的臣下。而这一观念通过教育,成了时人的常识。我认为,明治维新就是由这种极不可思议的想法所引发的复古的革命运动。幕末的志士,就是受到这一复古的革命运动思想熏染的青涩学生。

这些志士中,现在最受欢迎的是坂本龙马。

2010年NHK大河剧是《龙马传》。其中的武市半平太(武市瑞山)组织了土佐勤王党。他们这群人信奉天皇才是日本之主、将军不过是其家臣的想法,并在土佐将之传扬开去。武市半平太对岩崎弥太郎所说的话中,有一句台词我印象很深:"要来我这里学《近思录》吗?"武市半平太设有私塾,为渴望日后成为土佐勤王党一员的年轻志士提供教育,而这句台词则是他在邀请岩崎弥太郎跟自己学习时说到的。

我的研究领域是中国儒教中宋代的朱子学这个流派。《近思录》一书就是朱子学的书籍。大河剧《龙马传》也颇为用心地提到,武市半平太教导年轻人所用的教科书正是《近思录》。

在剧中,岩崎弥太郎接下来在武市半平太对面开设了私塾。这固然并非史实而是戏说,不过如若想了解岩崎弥太郎在招徕附近孩子们的私塾中,用的是什么教材时,就会听到他念的是"外史氏曰"。这应该是赖山阳的《日本外史》,山阳在其书中自称外史氏。

事实上，NHK 的大河剧中《日本外史》可谓相当活跃。2008年的《笃姬》中，也有主角笃姬①在萨摩时，专心阅读《日本外史》的一幕。据说最近 NHK 一直在削减各种制作经费，之前《笃姬》用过的《日本外史》，可能就这样拿到岩崎弥太郎的私塾继续使用。

我不知道笃姬是否真的读过《日本外史》。不过，这是有可能的。在幕末的日本，《日本外史》就好像现在的畅销书。当时的武士们（以前述的志士为中心，不过也包括志士之外的武士）在学习日本的历史时，就是靠《日本外史》入门的。

江户的儒者

《龙马传》中还出现了岩崎弥太郎少年时代的老师——冈本宁浦这号人物。只出过一次场、而且很快死掉的他，出身于高知县土佐安田浦，故以宁浦为号。②他本来是净土真宗的僧人。

冈本宁浦曾求学于广岛的赖春水、杏坪兄弟，以及福冈的龟井南溟、昭阳父子。春水是前述赖山阳之父。龟井南溟和昭阳则是福冈的儒者。

剧中出场的还有江户的安积艮斋。虽然这是一位迄今为止鲜为大众知晓的儒者，但在剧中则屡屡出现岩崎弥太郎说"江户有名叫安积艮斋的伟大儒者"的场面。从设定上讲，弥太郎会知道

---

① 幕末萨摩藩主岛津齐彬的养女，后嫁到江户成为将军家定的正室。
② 日语中安、宁均可训读为やす（yasu）。

安积艮斋，应该是他在土佐的老师冈本宁浦为他讲过。

这就是曾追随当时精英求过学的冈本宁浦。他在大阪时，还和前述著有《日本外史》的赖山阳，以及大名鼎鼎的大盐平八郎（大盐中斋）都有往来。在与日本各地著名儒者交流后，冈本宁浦自己也名声大振，乃至冈山藩想召他任官。土佐藩得知此事后，不愿被人挖墙脚，马上将冈本召回土佐。如果没有被土佐藩征召，冈本宁浦在幕末或许就会到冈山培育弟子，而这些弟子也或许仍然会以某些形式活跃于幕末。

幕末时期人才辈出的冈山

在冈山藩招聘冈本宁浦时，位于今日冈山县的各藩还有不少精英学者。这里先简单提提他们的名字。

首先是山田方谷。他是阳明学者，作为备中松山藩（今高梁市）的执政者而活跃一时。由于松山藩主板仓胜静在幕末大政奉还时担任老中，据说山田还因此被视为佐幕派，一度备受委屈。

其次又有阪谷朗庐。他是冈山县（今井原市）西部一名代官①之子，也是大阪大盐中斋的门人，以及涩泽荣一的老师。涩泽是缔造明治时代商界的著名人物，在海运业上与岩崎弥太郎是竞争对手。阪谷也是启蒙主义思想团体明六社的成员。

三岛中洲出身仓敷，是前述山田方谷的门人，也是二松学舍的创立者。在明治后期，他曾担任尚是皇太子的大正天皇的老师。

---

① 江户时代为幕府、诸藩负责直辖地行政、征税事务的官职。

三岛中洲思想上的特征是义利合一论。在儒教当中，虽然很多儒者认为义（正义）与利（赚钱）两者是针锋相对的，但三岛中洲并不这么认为，而主张义与利本来是一致的。涩泽荣一等人也继承义利合一的思想，与三岛之间互有影响。涩泽荣一著有《〈论语〉与算盘》（《論語と算盤》）一书，与三岛的思想相通。实际上，据说两人私交一直很好。

以上所介绍的人物，按分类来说属于儒者或学习儒教的学者，但其实冈山在幕末也荟萃诸多优秀的洋学者，出现了绪方洪庵、箕作秋坪、津田真道等人物。

自古以来与大陆保持着联系的土地

儒者之中堪称老前辈的人物，是吉备真备。他前往中国，习得当地的律令，为日本在 8 世纪中叶确立律令制度做出了相当大的贡献。按今天的说法，他就好像到美国学习美国的法制，以全球标准的名义将其带回日本，为日本确立了国家制度。

接下来又有活跃于 13 世纪的荣西禅师，一般认为他是日本临济宗之祖，以《吃茶养生记》闻名，在茶界还被誉为将茶推广到日本的第一功臣。

然后是 15 世纪的绘画僧雪舟。总之，这些人在幕末之前到过中国，将各种各样的事物带回日本。

不过，到江户时代，日本人不再能前往海外。

如果熊泽蕃山或山田方谷曾到中国直接学习阳明学，那我很愿意谈谈这方面的事，讲讲他们在当地的各种经历，但这都是子虚乌有的事。最近学者中已不太使用锁国一词，不过在江户时代所谓的锁国时期，人的来往的确受到限制。

不过，在冈山这样的濑户内海沿岸地区，普通人也偶尔有机会看到外国人，那就是朝鲜通信使，像牛窗在冈山就很有名。因为朝鲜国王派到江户将军处的使节船队通过濑户内海时会停泊于此，在这里就可以见到朝鲜人。

当然，朝鲜通信使也是若干年才来一次，并非寻常可见，不过人们在冈山总算有见到这群人的机会。就此而言，冈山县可以说是自古以来一直与中国和朝鲜保持交流的地方。

光政家臣熊泽蕃山的《大学或问》

说到冈山在江户时代接受儒学时的相关人物，必定要提池田光政，相应的还有熊泽蕃山。从1645年到1657年，蕃山作为光政的得力助手，为治理冈山藩而活跃一时。他后来在隐退时仍留居冈山，直到被放逐。

岩波书店有《日本思想大系》丛书，汇集日本从古代到近代前夜各种思想家的代表著作，第30卷即熊泽蕃山的著作，出版于1971年。其中收录有蕃山的主要著作之一《大学或问》。

此书是蕃山在离开冈山后写成的，所以其中的主张不一定是在辅佐冈山藩主光政时所推行的政策，不过应该仍有不少共通之处。毋庸赘言，蕃山的想法会与下文要介绍的光政的政策颇有重复，现在要讲的内容也包括这些部分。

《大学或问》一书以问答形式写成，不过更主要是蕃山虚构的自问自答,而非实际发生过的问答。其中有关于佛法再兴的问题:"关于佛法再度复兴一事,先生是如何理解的呢?"回答是,现在的日本(即蕃山当时,17世纪中叶的日本)寺、僧并多,看上去佛教非常兴盛;然而,"一万名僧侣中,真心为佛法而出家的大概不足百人"。也就是说,真正的僧侣不到百分之一,其他人都背离了真正的佛教修行,出家仅是出于社会、政治的理由。在蕃山看来,万万不能以为现在佛教真的很兴盛。他还说,本心不在佛教修行的僧侣,大可使之还俗谋生,这么做也是为了佛教本身。

那么,为何佛教看起来还很兴盛,17世纪中叶又为何有这么多僧侣呢?据蕃山的分析(其实不止蕃山,如今的通说也这么讲),这是源自针对基督徒的政策。为了取缔基督徒,江户幕府充分利用了佛教。按江户幕府的政策,全体日本人都应成为佛教徒,反过来说就是容不得一个基督徒的存在,任何人都绝不能成为基督徒。

当时的佛寺存在所谓寺请制度,以此证明某人不是基督徒,是本寺信众、檀家。所有人死后都请僧侣诵经,墓地也交付佛寺打理,之后所有法事均需由佛教照料。当时的情况就是整个日本国民都是佛教徒。按蕃山的说法,正是因此,才招致了佛教的堕落。

"现在如果废除寺请制度,任凭天下人信佛或不信佛,那么大多数寺庙将不再具备檀那寺的地位吧。这样不是会让僧徒陷入饥馁的窘境吗?"对于终止寺请制度,会导致很多僧侣失业的这一问题,蕃山的回答是:这样的话,要么是由国库来承担,要么是使用公共基金(按我们现在的用语来说),如此来供养僧侣不就行了吗？此外，对于那些并不打算真正修行佛法的人，也不妨禁止他们恣意出家。蕃山认为，这就不至于让那些真正的僧侣挨饿受困。

池田光政所采取的神儒一致

如果要问蕃山期待用什么来取代寺院，其答案是"应当再兴神道"。不过，对于这个神道，蕃山曾说："如今世间所谓神道，都是昔日社家的做法。这不是我所说的神道，只是神职人员精心研习的礼法。"因此他赞扬的并非神道本身，而是神道可以与佛教相对立的一面。冈山藩就在池田光政的政策下，不再施行前述的寺请，而是用神职请的制度，来让神道的神主发挥身份保障的功能。

池田光政在冈山藩的宗教政策，与当时其他诸藩相比，其特色在于神儒一致、神佛分离、施行神职请而非寺请。全国各地都采取寺请制度，在佛寺中证明某处的某兵卫是佛教徒、是本寺檀家，而不是基督徒。在冈山，该证明手续则是在神社由神道一方办理。

所谓神道，一直以来都与佛教不可分离，并非自古以来就存在于日本。如前所述，把它视为很早以前就已存在的信仰体系，是江户时代才出现的观念。这一观念在幕末得到极力宣扬，并为明治国家所采用，成为官方历史观。

在江户时代，由于国内随处可见呼吁成为佛教徒的公告，佛教享有压倒性的力量。神道则与佛教具有不可分离的关系，一般称为神佛习合。用"习合"一词，会让人觉得是原本有区别的两个个体后来合为一体，但这并非事实。神佛习合并不是特殊的形态，而是佛教传入日本以后一直存在的宗教形态。

光政断然分离神佛，认为神道和佛教不能混为一谈。但如前所述，神道此前从未在历史上独立存在过。至于该以什么形态去充实神道的内容，则出现了神儒一致之说。

佛教具有压倒性的力量，而佛教和神道此前一直是合为一体的。儒教也是与佛教结合在一起而在日本流传开来的。如果将佛教比作销售额最好的企业，儒教和神道则难分伯仲，并列第二名。所谓神儒一致的运动，就是想让并列第二的两者联手，乃至合并到一起，共同对抗位居第一的佛教。原则上讲，到室町时代为止，还看不到这种观念。虽然不敢断言之前绝对没有，但它的盛行的确是在江户时代。江户时代在对儒学思想的接受上，存在一大特征，那就是儒教开始从佛教中独立出来而得到接受，乃至与被认为是日本固有的神道结成统一战线，考虑二者如何合为一体。

受到中国儒教影响的宗教政策

光政破除的淫祠，就是那些他认为来历不明的社（yashiro）。社或祠（hokora）都会拜祭特定神明，因而广义上讲属于神道。但光政的政策是，一旦他认为所祀之神荒诞无稽，就会破坏相应的祠社。与之相应的是将数处神社合一的做法。例如，若有三处分祀同一神明，则将其合于一处，剩下两处自然就会被废止。这就是他的破除淫祠、神社合祀政策。

事实上，这是中国的儒教一直在推行的政策。中国的王朝体制基本上是根据儒教而形成的。在这一国家体制下，破坏来历不明的祠社，或者以"本是一物"为由将数处社祠合一的政策，很早以前就在中国得到推行。

为避免误解，这里想稍加补充的是，儒教也会祭祀神明。最为尊贵的是天神，此外还有地祇，以及皇帝、祖先和孔子这类曾经是人的神。祭祀这些神的设施遍布全国，并受国家管制。社、祠两字在中国本来就是指儒教中的设施。日本则将神道的设施与这些本是儒教用语的汉字相对应。可以说，神儒一致这种江户时代的观念就是在这一背景下出现的。

在中国，如何祭祀儒教中的众神，是重要的政治课题与社会政策。前述《龙马传》中武市半平太台词所见《近思录》，也记载着相关知识。这些书本上的知识在江户初期应该已经凭借读过儒书的人传播开去。池田光政和熊泽蕃山都不曾留学中国，但通过书本获得了这些知识。因此，基于神儒一致观念而推行的破除淫祠、神社合祀政策，并非光政和蕃山独创的想法，而是中国儒教影响下的产物。就此而言，不妨视为儒教思想的一种接受方式。

冈山藩在光政的时代，采取了以神职请的方式来抑制佛教的政策。虽然在表面上属于神道，但其内涵实为儒教。换句话说，我认为所谓"神道"就是像这样基于儒教的理念而形成的。它并不是2670年前神武天皇即位时就出现的。

蕃山后来为江户幕府轴心人物林罗山、鹅峰父子所恶，被逐出冈山。但光政在其治下基本维持了这一宗教政策。不过，光政在隐居中辞世，其子纲政随后主政，大概出于江户幕府的干涉，神职请的制度遭到废止，改回寺请。

于是，神职请政策的施行仅限于光政一代。但在光政任用蕃山而采取这项宗教政策时，儒教的影响可谓强大。我们应理解为这是日本在江户初期接受儒教思想的一种表现。

建设儒教式墓地的池田光政

光政还要求节制饮酒。战国时代的武士多是强横酗酒之徒。与之相对，不许过量饮酒的命令则是一种文明化的措施。

儒教本来并不禁酒，神道中也会拿所谓神酒与神同饮。真正禁酒的反而是佛教。中国和韩国留学生在日本见到僧侣能随便饮酒会感到惊讶，正因佛教戒律本来不许饮酒。

顺带一提，光政还采取过一项儒教的宗教措施，即祭祀自家祖先。光政的祖父是历仕织田信长、丰臣秀吉的池田辉政。辉政与其子利隆的墓地在京都妙心寺。他们选择将临济宗的妙心寺作为菩提寺[①]。但光政借着妙心寺遇火的契机，将他们的遗骨带回冈山改葬。此时，光政不再选择佛寺，而是命令家臣津田永忠特地营建了儒教式的墓地，即池田家的墓园和意谷。如今这里已被指定为备前市的国家历史遗迹。之前提过神职请，而墓地一事也表明：既然神儒一致，对光政来说神道和儒教就是同一回事，总之池田家不会奉佛。

[①] 日本家庭一般会选一寺院作为菩提寺，使之负责为其家办理葬礼、组织法事、累积功德。

江户时代颇有大名建设儒教式墓地，如别称水户黄门[①]的德川光圀，其水户藩就是一例。他与光政基本上是同时期的人。不过，多数儒教式墓地建于江户后期，所以光政和水户的儒教式墓地算是最初的例子。然而在光政死后，其政策遭到修改，他也得到佛教式的戒名，被安排上了佛教式的法事。

宽文三名君之一：保科正之

光政与德川光圀、保科正之，按照四代将军家纲所处时代的年号，并称宽文三名君。

下面要介绍其中的后两位人物。

保科正之是会津松平家首任藩主，作为大名在幕府肩负重任，辅佐将军家纲。他是二代将军德川秀忠在外偷偷生下的私生子。秀忠是家康之子，正之则是家康之孙。他的老师是山崎闇斋。后者是江户初期儒者中的代表性人物，曾在土佐学习，并自此开始有志于儒学。前面讲光政的宗教政策时提到神儒一致说，闇斋也把它当作信条。他虽是儒者，但对神道颇有造诣。可以说，儒教和神道在他眼中是一致的。闇斋所提倡的神道流派称为垂加神道。垂加是闇斋的神道式自号，闇斋则是儒教式的自号。保科正之非常器重山崎闇斋（或者说山崎垂加）。受其思想影响，会津藩也采取了神儒一致政策。

[①] 水户藩主在京都朝廷中的官职为中纳言，其唐风称呼为黄门侍郎，故有此名。

草创《大日本史》的德川光圀

德川光圀如今或许无须多做介绍。通过TBS系列的时代剧《水户黄门》（2017年10月起由BS-TBS播映），他已是家喻户晓。他是初代水户藩主赖房的三男。赖房是家康之子，因此光圀也是家康之孙，同时又是保科正之的堂兄弟。他非常敬佩来自中国的流亡学者朱舜水。此外，他还启动了《大日本史》这部史书的编纂计划。

《大日本史》在大河剧《笃姬》中也曾露面。在笃姬将成为将军的御台所①时，反对呼声最高的就是水户藩主齐昭。他是光圀的子孙。而剧中就有这样一幕，即笃姬为了让齐昭接受自己，于是学习《大日本史》，在齐昭面前引用《大日本史》，终于得到齐昭认可，成为御台所。虽然这应该不是史实，不过有趣的是，剧情里还安排她在齐昭面前读《日本外史》。这两本历史书具有共通的思想倾向。赖山阳可能就是以《大日本史》普及版为目标来写作《日本外史》的。

对水户光圀而言，本家的德川将军不过是天皇的臣下，《大日本史》也是基于这一历史观写就的著作。此书卷帙浩繁，一般人难以通读。与此相对，《日本外史》在接受了《大日本史》思想的同时，无论就体量还是文采而言，都可以说是后者的普及版，于是在幕末成为畅销书。天皇才是日本之王的历史观，由是得到推广。

---

① 幕府将军正室的称呼。

让保科正之和池田光政成为电视剧主角

德川光圀由于民间放送①的电视剧而家喻户晓,保科正之却没有这样的福气。在他年轻时曾任藩主的长野县高远町,出现了请求制作有关他的大河剧的运动:

> 旨在将旧高远藩主保科正之拍成NHK大河剧的"将名君保科正之公拍成大河剧会",2月12日将于东京都新宿区役所召开全国性组织的成立总会。全国组织成立后的首个活动,是第七次向NHK提出相关申请,希望在正之四百岁冥诞的2011年前拍成大河剧。(引自2008年1月14日《长野日报》网页版报道,页面今已删除。)

非常遗憾的是,2011年大河剧(《江:公主们的战国》)的主角,正是保科正之父亲德川秀忠的正妻阿江。真是讽刺。

> 该会2004年由旧高远町成立,并与福岛县会津若松市、猪苗代町等与正之因缘深厚的地方合作,展开了争取百万人签名的运动。去年11月达成了目标的四分之一,签名数突破25万人。全国性组织则以伊那市为中心,迄今为止的合作团体和长野、福岛两县均有参加。他们打算面向全国宣扬正之的功绩,即为德川三百年统治奠定基础,还有禁止殉死和开

---

① 民间放送,即相对于NHK的民间电视台。

凿玉川上水、复兴大火之后的江户等善政，在江户初期被誉为"天下三贤"之一。在全国性组织的成立总会上，包括自治体及各团体代表在内，预计约有30人出席。当日上午将召开首次会议，决定活动方针和年度计划、项目负责人等。下午将带上25万人的签名，向NHK电视剧制作部门的负责人说明其宗旨，申请为正之的事迹制作电视剧。该会还提到拍摄电视剧的意义："正之公在会津藩留下的家训，述说着为人着想之心和执政为民、守法精神等。在伦理观缺失的当下，正应追求正之之心。"

对"在伦理观缺失的当下，正应追求正之之心"这一点，我也深有同感。比起以坂本龙马、阿江这些人为主角，以保科正之为主角拍摄的剧作，将更有益于教育。不过，这恐怕在很长一段时间内都不能落实。因为正之是私生子。NHK大河剧近来的做法是将现代社会的伦理道德照搬到过去，走稳妥的一夫一妻路线。2006年《功名十字路》的山内一丰和2009年《天地人》的直江兼续，都是没有侧室的武将，在同时代极为罕见。而2010年的龙马和阿龙之间，也是琴瑟和谐。至于2011年则是阿江，不允许执掌天下的丈夫秀忠亲近其他女性，实在是一位令人生畏的妻子。特意选择这样的人做主角，就等于明言"不认可庶子"。那么，保科正之无论自身如何优秀，都会因为出身而不可能被选作主角。

禁止殉死是基于儒教的文明开化之举

在江户初期对儒教的接受中,还有一件标志性的事值得一提,即禁止殉死。此事与宽文三名君的后两位——保科正之和水户光圀有关。我认为这是基于儒教的文明开化之举,和之前所说光政公抑制饮酒过量并张贴有关告示的做法,性质相同。

战国时代是血雨腥风的时代。殉死一事也颇为残忍,不过显示出的则是主公和家来①关系之密切。坦白说,只有与主公发生过肉体关系的家来,才会得到前者温柔对待。宠爱和自己发生过肉体关系的女性是理所当然的事,而与主公有着同样关系的男性家来,也会得到重用。武田信玄和高坂弹正、织田信长和森兰丸的关系是有名的。在坚持一夫一妻路线的NHK里,当然不可能涉及这类题材。不过,上杉景胜和直江兼续年轻时应该也有过这样的关系。男色在过去并未被视为异常。

部分由于这种上下关系,当时存在追随过世主公而自杀的习俗,并逐渐带有半强制色彩。在遭受"那家伙这么受藩主宠爱,却不追随藩主于地下"的白眼后,即使不情愿也仍选择切腹的人,想来不少。保科正之和德川光圀明令禁止了这种做法。我认为,这应是学习儒教后制定的政策。

说来儒家经典之一《孟子》中,有一句归于孔子名下的话:"始作俑者,其无后乎。"这是说,最早制造俑这种东西的家伙,应该会断子绝孙吧。为什么呢?说到俑的话,大家不妨想想秦始

---

① 家臣之义。在中世之前,因为在日语中同音,有时也写作"家礼"和"家赖"。

皇陵的兵马俑，其中每一尊都仿照真人，做得惟妙惟肖。孔子的意思应该是，"想出把那么像人的东西埋于墓中这种残酷习俗的家伙，一定会遭到天谴"。

在比孔子的年代还古老得多的商王墓中，出土了大量殉死者的骸骨。更准确地说，是被推测为殉死者的骸骨。这意味着，当时存在殉葬习俗，即在王死后，侍奉于王的人，或是被杀，或是自杀，总之会一起被埋入墓中。

与此相对，到孔子的时代，开始改用人形偶俑来取代生人，如秦始皇陵的兵马俑。

孔子是否知道商代有殉死的习俗，如今无从得知。但在儒教的脉络中，就连仿造曾经侍奉王的人为偶俑并埋入王墓的做法，已遭到孔子的谴责。更何况自《孟子》成书以来，儒教就坚持认为活人殉葬是毫不人道的做法。

确立与江户时代之和平相称的士道

然而如前所述，从日本战国时代到江户初期，殉死被视作壮丽的习俗而盛行于世。森鸥外的《兴津弥五右卫门的遗书》《阿部一族》，都是以殉死为主题的小说。至于在家光的时代，这一做法自然相当流行。

与此相对，水户的德川光圀和会津的保科正之，则在各自藩内禁止殉死。光圀在父亲赖房过世时，制止了家来意图为之殉死的举动。保科正之也在自己的领地内禁止殉死。

幕府方面，四代将军家纲在继位之际公布《武家诸法度》①的同时，也口头表示禁止殉死。正之因异母兄家光的爱护，得以进入幕阁中枢，辅佐其侄四代将军家纲，掌握了幕政实权。因此，这一政策反映的或许是正之的想法。而在正之死后，五代将军纲吉时的《武家诸法度》更明文规定禁止殉死。

在当时的主从关系中，家来侍奉的是藩主个人。比如，上杉谦信是一位优秀的藩主，所以我追随谦信；池田光政是一位优秀的藩主，所以我追随光政。也正因此，在光政公离世时，我也将继续追随。然而，战国杀伐之世业已结束，和平时代来临，出现了以幕藩体制为中心的安定社会。这样一来，武士不再侍奉藩主个人，转而开始为幕府和藩等公共机关效力。因此，即使所侍藩主去世，即使自己曾经备受藩主宠爱，武士们也不再为追随先主而自杀，而是开始扮演这样的角色：辅佐幼主，或是退居二线，为下一代家臣团队提供长者的指引。不同于血腥的战国时代，江户时代是和平的，世人也开始摸索与之相称的侍道或士道。光圀和正之正是其中的先驱。

成为士道中心思想的儒学

如前所述，光圀和正之会禁止殉死，应该是因为受到了儒教中固有观念的启示。按日本的方式接受儒教，并且向武士们灌输儒教的道德，这种模式是在江户时代形成的。当然，镰仓和室町

---

① 自德川秀忠起每代将军所发布的有关修筑城池、参勤交代等监察大名的规定。

时代日本已有儒教。或者说,更为古老的律令制度,在吉备真备等人努力吸收同时代中国的儒教后就已确立。然而,当时学习儒教者仅仅限于政府中枢,儒教开始在镰仓时代以来掌握实权的武士之间正式流传,是江户时代以后的事。那时武士的生活方式被称为士道(之后加上武字称为武士道),儒教则成了士道核心的伦理道德。

结果,侍^①变成并非侍奉主公个人,而是侍奉更大、更为公共的机关的人。随着这一观念的普及,日本列岛中的公共机关即日本国中最为核心的存在——天皇,开始出现在人们的视野中。

与此同时,随着水户藩编撰的《大日本史》、赖山阳《日本外史》等历史书,以及其他的中国儒教书籍,如武市半平太台词中介绍的《近思录》等书,开始被越来越多的人读到,一种思想应运而生,即日本必须以天皇为中心。虽然一般认为要到江户晚期才出现这种思想,但在幕末,侍的教养内容确实是以儒教为中心的。

众所周知,前揭森鸥外的小说,以及夏目漱石的《心》,都是受乃木希典殉死一事刺激而写成的。乃木为追随先帝,选择了在明治天皇大丧之礼当日自杀。从前述背景来看,乃木希典就不再是儒教的文明人,而与战国时代的野蛮人相类,尽管他本身具备儒教的教养。

话题是从 2 月 11 日纪元节开始的,而明日 2 月 12 日是菜花忌,也就是司马辽太郎的忌日。他在将坂本龙马描绘成国民英雄

---

① 读作さむらい(samurai)。中文通常对译成"武士",本意是侍奉主君的人。

的《坂本龙马》(《竜馬がゆく》)等书中,持有这样一种历史观:儒教是封建陈腐的道德,与之相对,西洋舶来的观念才是优秀的。不过我想强调的是,儒教在江户时代担当的角色,其实反而有助于日后的"文明开化"。它关系到教育的普及,幕末维新期的日本之所以人才辈出,正是拜儒教教育所赐。

本文初载于《温故知新:中国与冈山——第25回国民文化祭·OKAYAMA2010年应援系列演讲会记录集》(《温故知新:中国と岡山、第25回国民文化祭·おかやま2010支援連続講演会記録集》,吉备人出版,2010),题作《江户时代儒学思想的接受与冈山》(《江户時代儒学思想の受容と岡山》)。当时轮到冈山县负责与国民体育大会成对举办的"国民文化祭",笔者受邀作为系列演讲的讲师之一,本文则是当时讲话的记录。收入本书时文辞上颇有改动。

保科正之及其同志：江户儒学的黎明

保科正之的生平

保科正之在1611年生于江户。父亲是当时的征夷大将军德川秀忠，母亲出自神尾氏的武士家中，据说她的名字叫静。秀忠没有所谓侧室。究其原因，有其妻阿江（一作江与，正式场合则称德子）善妒，以及秀忠反感于其父家康妻妾太多等各种说法，但尚无定论（见拙著《江と戦国と大河：日本史を"外"から問い直す》，光文社新书，2011）。但至少，史书所见秀忠之子中，不是阿江亲生的只有正之一人。

正之最初由武田信玄之女见性院①养育，后来被武田家过去的谱代家臣保科家收养作继承人。其间，他和阿江之间自不用说，和秀忠也从未以父子名义见面，甚至从未被承认是私生子。这成为秀忠恐妻之说的有力证据。

---

① 本名不详。明治以前大名妻妾在丈夫死后通常会落发，改称戒号"某某院"，但很少真正离家住寺。

阿江是浅井长政之女、织田信长的甥女，并以丰臣秀吉养女的身份，在大阪城和聚乐第中长大，因此为人充满自信。嫁入德川家是下嫁，她和所带来的侍女，以"太阁殿下之女"为旗号，君临江户城的后宫。说来秀忠的"秀"字也是秀吉所赐，秀吉在世时德川父子是姓丰臣的。江户开府①后也好、大阪城陷②后也好，阿江都依然以御台所的身份当着江户城的女主人。这不是出于夫妇之爱这种现代理由，而是因为她是"秀吉的养女"。秀忠是不是现代家庭屡见不鲜的恐妻家（即爱妻家）姑且不论，但从没有侧室一事，可见阿江的政治地位之重。

阿江所生的两个儿子，分别成了将军③和"骏河大纳言"④（不过后者在阿江死后，受到改易⑤处分，后来自尽）。与之相比，被派给家臣收养作继承人的正之，处境上可谓有着天壤之别。不过，保科家也因养育之恩得以升格成为大名。

正之在1631年继承了养父的信州高远藩三万石领地，其后改为出羽山形二十万石，最终在1643年转封会津（二十三万石，外加其他领地五万石）。会津自16世纪末起，已历经伊达、蒲生、上杉、蒲生（再度）、加藤等家的统治。毕竟这是一块拥有肥沃盆地的战略要地。正之得以袭封此地，可见家光对他的信赖（与家光对同母弟忠长的态度形成鲜明对比）。

1651年，正之奉家光遗命辅佐其侄即第四任将军家纲，主宰

---

① 指1603年家康就任征夷大将军一事。
② 指1615年家康攻下大阪城，秀吉之子秀赖自尽，丰臣家灭亡一事。
③ 后来的第三任将军家光。
④ 即德川忠长。这一名衔是骏河之地领主兼大纳言之意。
⑤ 领地改到生产力较低的地方，或面积缩小。

幕政。借着世代交替的机会，他改订《武家诸法度》，口头传令禁止追腹（即殉死），并向天下传扬了如下观念：不是限于一代，而是代代奉公，方为武士之道。在1657年袭击江户的明历大火中，他采取迅速果断的对策，实现了城下町的复兴，堪称非常时期的模范指导者。1668年，正之因功获准使用松平之姓和葵纹，但他坚决推辞。翌年他将家督之位让与正经①，1672年薨。其墓遵从他的思想信条（详见下文），是按当时新发明的神道教式（即土津灵神）修建的。

其子孙后来采用松平之姓，被京都朝廷升为可以出任参议一职的门第（参议的中国式称呼就是宰相）。正之遗训要求对将军家保持绝对忠诚，导致了1868年的悲剧②，不过这里就按下不表了。

正之时代的东亚形势和朱舜水

正之活跃于17世纪中期，当时的东亚正处在动荡年代。1644年，明的首都北京落入李自成军队之手。皇帝自缢而死，朝廷崩溃瓦解。在守备边境的明将吴三桂引导下，清军乘机大举入关，消灭了李自成。此后清朝和明的流亡政权对峙过一段时间，统一大业最后以1662年收取云南而告终。然而，之后由于吴三桂等人反清（三藩之乱），中国再遭战火。而在旷世名君康熙帝的统治

---

① 正之的四子，前三子早夭。
② 指会津藩末任藩主松平容保，在戊辰战争中站在幕府一方，与维新政府血战一事。

下，东亚的政治秩序终于回归安定。这是正之死后的事。

部分出于母亲是日本人的缘故，郑成功（国姓爷）曾向江户幕府请援伐清。此时正值家光治下，正之刚刚移封会津。虽然幕府内部也曾认真讨论出兵之事，但结论是此事无益于日本，选择静观其变。如果当时决定出兵的话，正之的后半生应该会大大改变。说不定就是渡海到大陆做前线指挥，与清军大战。

在将"日本史"框架视为理所当然的一国史观中，秀吉出兵朝鲜是一次性的特殊事件，家康等五大老执政时决定即刻撤兵，则让日本得以回归正常状态。当然其结果是，（除了入侵琉球和虾夷地）到明治维新后征韩论兴起和向台湾出兵之前为止，日本再也没有出兵海外。但这不过是我们的后见之明，17世纪中叶时其实还存在别的趋向。

再者，明清鼎革不是单纯的王朝交替，而是异族入主中原。这一点深深刺激了当时的幕府领导层，御用学者林鹅峰（罗山之子）就将之称为"华夷变态"。也就是说，出现了以夷代华的局面。幕府自觉日本由于朝鲜的战争，已明确被视为蛮夷，因此更不愿将满人的清当作自己的同类，而是认为他们在文化上逊于自己。会出现这种认识，缘于郑成功以外，也有其他人在发挥作用，他们期待日本能为明的中兴大业伸出援手。

他们就是宇治万福寺的开山隐元隆琦，据传在名古屋引入点心外郎制作方法的陈元赟，还有朱舜水。

朱舜水是浙江人，1645年抵达长崎，此后七度往返大陆从事反清活动。不过到1659年，他放弃了短期内可以实现明朝复兴的想法，自此在筑后柳川藩儒安东省庵的庇护下，生活于长崎。

1664年，他接受水户藩主德川光圀的招聘，翌年来到江户。之后，他一直住在驹込的水户藩邸中，直至八十三岁病逝。

这时水户藩邸内正好开始了《大日本史》的编纂计划。虽然文献上没有相关证据，但舜水大概也曾应批评之邀，目睹过那些用汉文写成的草稿吧。正是舜水用宋代名相范仲淹的名句，将小石川的水户藩邸庭园命名为"后乐园"。虽然实际位置不详，现在的后乐园仍留有一座相传是舜水当年设计的拱形石桥。《大日本史》立足于以南朝为正统的史观，表彰楠木正成[①]和新田义贞[②]。加贺金泽藩主前田纲纪（住在邻接驹込府邸的本乡台地）也曾向舜水展示楠木正成的画像，舜水以其为忠义之士而为文表扬。后来在光圀的指示下，舜水这篇文章还刻到了摄津凑川畔正成的墓上。墓碑的正面则是光圀亲题的"呜呼忠臣楠子之墓"。

至于朱舜水本人的墓地，则特地修造在水户藩领地内光圀为藩主一族所设的墓园中，而非设于菩提寺，并且按神儒一致说采用了神道教式。明朝的忠臣儒者就这样长眠于异国。

好学大名与江户儒学的黎明

水户的德川光圀、金泽的前田纲纪、会津的保科正之，加上冈山的池田光政四人，因爱好儒学，在后世并称名君，这在今天的日本史教科书中也有描述。元和偃武[③]以后，大名之间的内战业

[①] 南朝大将，与拥立北朝天皇的足利尊氏大战，1336年兵败而死。
[②] 同为南朝大将，曾将足利氏压制于九州，1338年兵败而死。
[③] 元和元年（1615）大阪城陷，丰臣家灭亡。

已告终，岛原之乱①得到平定，援明出师一事也就此放弃，于是武士失去了战斗的机会。各地大名身为军团总帅，开始凸显自身作为为政者的面向。此时，大名们为振兴经济和文化而积极学习的知识，就是朱子学。好学大名竞相招聘名儒，而朱舜水则作为从儒教发源地来日的巨星，得到了热情款待。

上文提到正之禁止殉死，差不多与此同时，光圀也在水户藩内公布了同样的指令。对儒学伦理中的忠君爱国，虽然如今仍有"是在说作为天皇陛下的赤子而欣然战死"的误解，但这种想法仅仅是武士道的一部分，其根源是战国的遗风。与主张"求死"的叶隐武士道不同，江户初期的名君用儒学教育改造其臣下，以求文明开化，并试图让他们将尽忠的对象，从血肉之躯的主君转向藩和幕府这样的组织。这正是领受兄长家光厚恩，被委托监护侄儿和幕政重任的正之自己的人生信条。

这些好学大名以朱子学所提倡的道德政治论"修己治人"为信条："先修养自己的人格，再作为为政者立于人上，治理政务。"他们信守的就是朱子所说的这一准则。"后乐园"也是"所有庶民得以安心生活之后，自己才去享乐的庭园"。他们对这一信条贯彻到什么程度姑且不论，但至少与以奢华自矜、修筑"聚乐第"的丰臣秀吉存在明显不同。"秀吉的养女"与正之，在这一点上或许也算是"没有血缘关系的母子"。

冈山藩则有熊泽蕃山这种一般归类为阳明学者的人物。他一

---

① 1637—1638 年间在九州的天草和岛原发生的农民暴乱，人数多达两万，多为天主教徒。事后幕府开始强化禁教和锁国政策。

度参与藩政,但其政策并没有批判朱子学的特点。本来,明代的朱子学和阳明学并没有本质上的差异,在当时的日本也很少严格区分两者。林罗山之师藤原惺窝宣扬的就是折衷朱王的学说,并在京都开创了称为"京学"的流派。他这一脉下有木下顺庵(出仕前田纲纪的加贺藩儒),后者教育出了活跃于18世纪的新井白石(甲府藩儒出身,以直参① 身份成为幕府阁僚)、雨森芳洲(对马藩儒,负责对朝鲜的外交事务)、室鸠巢(将军吉宗的学术顾问)等人。

至于说到儒教内部的朱子学批判,则源自向武士们宣讲"士道"的兵学家山鹿素行。素行受林家(罗山、鹅峰的后人,直属幕府的儒者官僚世家)的排挤,被流放到赤穗。现在难以判断他对当地的影响力如何,但就1703年赤穗浪士攻入吉良邸中复仇一事② 而言,如果素行没有到过赤穗的话,这个故事的发展大概会有所不同吧。在京都,出身町人③ 的伊藤仁斋经历了践行朱子学的烦闷后,举起"古义"的旗号开设了私塾,以传授他对朱子经学解释的批判。而比他更激烈批判朱子的荻生徂徕(柳泽吉保④ 家臣、将军吉宗的学术顾问),则活跃于保科正之亡故近五十年后。

在仁斋私塾的正对面,就是山崎闇斋的私塾。闇斋本是禅僧,与高知土佐藩执政野中兼山相识后而开始有志于朱子学,是一位

---

① 俸禄在一万石以下的幕府家臣,是旗本、御家人的总称。
② 1701年,赤穗藩主浅野长矩与幕府高级武士吉良义央一同负责为将军迎接敕使的大典。但出于至今不明的原因,长矩在典礼之前,拔刀斩伤义央。将军判长矩切腹,并撤销赤穗藩,义央则没有受罚。赤穗藩士四十七人两年以来为复藩奔走,事情无望后,攻入义央家中为主复仇。被认为是日本史上三大复仇事件之一,也是江户时代以来忠君的楷模。
③ 江户时代的一种社会阶级,主要是商人,其余则有工匠等群体。
④ 第五任将军纲吉的宠臣。

认为"朱子之后的朱子学者之书不值一读"的朱子学原教旨主义者。另一方面，他又力主神儒一致说，首倡垂加神道，是一位重视"敬"的思想家。此后，他以智囊的身份，成为正之的盟友与亲密的同志。

江户的林家、京学的木门（顺庵门下）、水户学，还有崎门（闇斋门下）等朱子学各派之间在保持着微妙差异的同时，在18世纪发展壮大，并因陆奥白河藩主松平定信所推行的宽政改革[①]，而上升为官学、正学。朱子学和与之对抗的仁斋学、徂徕学、阳明学之间的交响，以及它和后起的国学之间的冲突，都为江户儒学史增光添彩。

保科正之就活跃于这样一个为江户时代思想文化确立方向的重要时期。实际上，这一方向正是他和他的同志们一同订立的。

本文初载于《福岛县立博物馆特展：四百年诞辰纪念——保科正之的时代》（《福島県立博物館の企画展：生誕四〇〇年記念・保科正之の時代》，福岛县立博物馆，2011）。文章为会津若松市的特别展而写，展览中笔者也曾应邀在同一个博物馆做演讲。那时刚发生了福岛核电厂事故，人们强烈体会到明治以来近代文明化路线的负面影响。

[①] 主要为重农抑商的政策，以解决当时农村疲弊的社会危机。还有禁抑奢侈、整顿风俗，以及禁止在江户的昌平黉教授朱子学以外的异端学术。

2

朱子学传入日本

日本朱子学的形成：从文化交涉学的角度探讨

应仁之乱：日本史上的大变局

内藤湖南有《关于应仁之乱》(《応仁の乱に就て》) 的讲演记录，1921 年 8 月发表于京都的史学地理学同攻会（"攻"是治的意思），后收入《日本文化史研究》（现有讲谈社学术文库版），亦见于《内藤湖南全集》第 9 卷（筑摩书房）。

其中，内藤认为 1467 年开始的应仁之乱（1469 年改元文明，因此又称应仁文明之乱），堪称将日本史划为前后两段的分水岭。他说，"大体而言，为了了解今日之日本而研究日本历史，则几乎没有必要研究古代的历史。知道应仁之乱后的历史即足矣"。言下之意是说，无论是《源氏物语》所描叙的宫廷生活图景，还是《平家物语》所刻画的源平合战（治承、寿永之乱），均与"今日的日本"（即 1921 年的日本）没有直接关联。

他又说，"足利时代是个完全没有天才的时代，所以应仁以后百年间争斗不休，战乱频仍。不过，这其实是历史上常有的事。

就连支那,从唐末到五代末期也是这样的时代。恐怕今日的支那同样处在如此境遇中"。这一表述与以中国史研究为本业的他所提出的重要命题,即所谓唐宋变革论相关。他认为从时代分期的角度讲,应仁之乱后的一百年相当于中国史上的唐宋变革期。他还认为,当下的中国也处于类似的混乱和变革期。毕竟从辛亥革命(1911)到他演讲时,中国就一直持续着军阀割据的局面。

虽然内藤也提到政治制度和社会组织上的变革,但他特别关注应仁之乱后的混乱期所出现的新兴文化现象。古典作为古典的权威正是在这一时期得到确立、接受的。例如他引用细川幽斋有关《源氏物语》的言论,评论道:

> 在当时,什么都可用《源氏物语》解决。所谓学问,可以说就围绕《源氏物语》而展开。熟读《源氏物语》即可了解世情、经纶天下,因而世人视之为唯一重要的经典。以《源氏物语》来统一国民思想,大概是今日文部省等人不曾想到的吧。(笑声)……这显示出日本即使处于混乱时代,依然存在能导向统一的因素。

细川幽斋讳藤孝,出身室町幕府三管领家之一的细川家。他拥立第十五代将军足利义昭,后来臣服于织田信长,一度改姓长冈,虽与明智光秀有姻戚关系,但没有参与本能寺之变。此后依附丰臣秀吉,关原之战时则站在德川家康一方,得以获封大大名,成为熊本藩始祖。作为知名的文化人,他也是《古今和歌集》唯一的秘传继承者。为此,在石田三成攻击加入了德川方的他的居城时,朝廷还特地下令不能杀他。幽斋曾表示,《源氏物语》中方有日本精神之真髓,内藤正是基于相关史料,揭示出文化性的统一这个问题。

尽管存在政治上的混乱,日本还能作为日本而"统一",这是因为出现了一种动向,也就是将某些文化上的标杆,如这里提到的《源氏物语》奉为古典加以尊重、传承。而这种观念的发明正是这一时期的特征,并未见于此前的时代。也就是说,《源氏物语》在所谓国风文化期(10—11世纪)还没有确立其作为古典而不可动摇的地位。

另外值得注意的是,内藤关于"大概是今日文部省等人不曾想到的吧"的玩笑,引起观众一片笑声。文部省为初、中等教育编纂国定教科书,是在明治末年,到内藤演讲之际为时尚短,而且单就其内容而言,一般也不会认为《源氏物语》适合用来教导青少年。这是内藤的笑话博得听众发笑的原因。然而,后来的发展大概连细川幽斋都会讶异。教科书将《源氏物语》当作足以代表日本、值得引以为豪的古典作品来教导青少年,并认为它是遣唐使废止后"国风文化"的象征。这正是日本一国史观的典型表现。

内藤认为,当时的日本不言自明地存在渴望"统一"的潮流。笔者倒不这么认为。不如说,从整个历史的发展来讲,应仁之乱后,虽然在政治上陷入乱世,但同时也出现了一种趋势,即发掘文化上的标志(如《源氏物语》),并基于它们形成了对"日本"这一概念的共鸣。这在后世,特别是到所谓"近代"的19世纪后期以降,开始被视为时人观念中的"传统文化"。也就是说,构成"传统文化"核心内容的素材本身（如《源氏物语》这部小说）成书于平安时代，但"传统文化"本身并不诞生于此时，而是在应仁之乱后百年间才形成的。在此期间，人们开始将这些素材奉为"宝贵的经典"，并主张其中存在日本文化的神髓。我想用"日本传统文化的形成"这个说法来把握的就是这一现象，而非所谓"经典"的种种作品成书时的风潮。

将早已存在的文化现象，重新定位为自身传统的做法——既然能催生出如此心态，那么应仁之乱的确算是日本史上划时代的分界点。

东亚的15—16世纪

应仁之乱后的一百年间，日本史上称为战国时代。对于这个时代，不仅要从日本国内的角度来把握，更需尝试将日本放在东亚的整体变动中来考察。毕竟与此同时，在东亚占据关键地位的中国即明朝，其统治出现了动摇。

正好位于15世纪中间点的1449年，明朝的正统皇帝亲自迎击瓦剌的也先，却在边境的土木堡被包围，成为俘虏。北京的朝廷在这个非常时期，急忙拥立皇弟以应对国难。不过，获释归来的正统皇帝在1457年发动政变，重登大宝（即天顺帝）。1464年爆发了荆襄之乱，之后国内仍在断断续续发生叛乱。尽管在规模和严重性上比不上日本的应仁之乱，1519年宗室宁王也曾为谋取帝位而起兵，最后被名儒王守仁（阳明）镇压。翌年鞑靼入侵，攻至山西大同。1521年，围绕旁系入继的嘉靖皇帝的生父尊号问题，发生了大礼议事件。而在此期间的 1517 年，葡萄牙人来到了澳门。① 之后，东亚贸易中出现了西洋人这种新角色。

1526 年日本发现了石见银山，1545 年秘鲁发现了波托西银山。此外还有不少矿山得到开采。开采出的白银作为购买中国产品的代价而流入明朝，特别是江南，刺激了当地工商业的发展和消费文化的兴盛，这又成为 16 世纪后期的特征。至于税制方面，纳银的一条鞭法也得到推行。

应仁之乱爆发当年即 1467 年，日本方面派遣了遣明僧，自京都经博多、宁波前往北京，画僧雪舟和学问僧桂庵玄树同行其中。前者在日本水墨画上，后者在日本朱子学和训点方法方面，分别被后世奉为典范。结合内藤的前揭论点来看，此事颇具象征意义。在日本国内，不仅国风（和风）古典得到确立，对外文化交流方面也有新规范的导入。应仁之乱的当事人，即八代将军足利义政因倦于政事，建设了东山山庄（后来的慈照寺，即银阁寺）。凭借其中东求堂同仁斋的书院造样式，该山庄成了日本后世住宅建筑的典范。其中摆设的文具和花瓶之类的瓷器，以及与之密切相关的饮茶文化，如今依然作为"日本的传统"而脍炙人口。

16 世纪中叶以后，日本因为输出白银而具备了向以中国为首的各国大量购买舶来品（唐物）的财力。京都因应仁之乱而荒废，各地的大名则在京都之外的自家领地上，模仿京都建设城市，

---

① 1517 年，葡人在香港的屯门驻扎，并与明军海战。有关葡人开始定居澳门的时间，有 1535 年、1553 年及 1557 年三说。这里据本书原文翻译。

修造宅邸（后来则是城堡）和寺院，在其中绘制隔扇画，开设茶室，配置唐物。为培育地方产业，他们还充分利用大陆传来的技术（比如石见银山的灰吹法①），整治大河下游三角洲地带，将之变为耕地，以期大幅提升生产力。而在治民之余，新的观念也得到引入。这就是朱子学。

朱子学的传入与五山文化

朱子学传入日本是应仁之乱前二百五十年的事，其主要推手是从中国归来的僧侣。史料上能够确认的最早之例，据信是真言律宗的俊芿。他在1211年归国，带回了朱子学的相关书籍。但比他更早入宋，自1181年到1206年入寂为止致力于重建东大寺、被称为"入唐三度圣人"的重源，及其后继者、两度入宋的荣西（第二次在1191年归国）也有可能带回朱子学的知识。其他名不见经传的僧侣或许也曾携回朱子学的书籍。顺带一提，俊芿在回到京都后曾暂住于荣西创建的建仁寺（属于禅宗，但兼习天台宗及台密），可见当时宗派壁垒并不森严。

其后，朱子学的书籍与知识也传入日本，这主要得益于临济宗东福寺的开山圆尔等留学归国人士，以及建长寺开山兰溪道隆等渡日僧。很有可能圆尔、道隆就曾把他们所掌握的朱子学知识作为为政者须知的一部分，分别介绍给了摄关家（九条家）、幕府的得宗家（北条家）之类的政要。

---

① 将银从银铅合金中提纯的方法。

到南北朝时期，在建武新政开始的1333年，前年归国的中岩圆月向后醍醐帝献上《原民》《原僧》二文，论及时事。而其思想的中心，则是他在中国（元朝）所学到的朱子学。据花园院①的说法，后醍醐帝在宫中研习过朱子学。此外，曾指导过后醍醐帝与足利尊氏、直义兄弟的梦窗疏石（没有留学经验）也具备朱子学方面的学养。这从他进献给直义的《梦中问答集》可见一斑。梦窗门下的绝海中津则在向足利义满讲《孟子》时介绍过朱注。

如此一来，朱子学就成了中央政府要人所熟悉的学说。然而，朱子学向地方的传播，则是应仁之乱以后的事。清原宣贤生于平安时代以来源远流长的博士家中，当时正值应仁之乱。16世纪前期，他不只在京都，也在越前等地活动。通过与禅僧的交流，他将朱子学系统的经学引入自家祖传的古注疏之学，使两者得以并存。这种新旧并行的做法也见于下野的足利学校。透过书籍版框外的笔记，可以看到原本基于古注疏本的易学是如何逐渐加上朱子学系统的解说的。足利学校毕业生主要的出路是为战国大名担任军师。军师一职并不单是负责在战场作战，也由于后勤保障而需通晓财务、地形、气象，因此平时还是政治和财政顾问。前文提到农业土木技术的革新，相关过程的细节目前还不得而知，不过作为有助于社会实践的知识，这类技术与朱子学的政治思想具有相同的立足点，可以想象以禅僧为中心的知识阶层，正是借此得以在大名之类的为政者座下一显身手的。

---

① 即花园天皇，后醍醐的前任天皇。

由于史料上的捉襟见肘，其中具体情况不详。不过大体而言，大陆传来的知识因应日本列岛的实情而得到运用，这无疑有助于战国时代经济的急速成长和文化的新发展。而在此过程中发挥核心作用的，则是基于室町幕府的政策而建设起来的禅宗组织形态，即五山十刹制度。由此培养出来的文化（以下称五山文化），并非只是狭义的文化活动，而是在政治和经济上也扮演了重要角色。

朱子学的本土化和王权理论的嬗变

与中国和韩国的情况相较，日本朱子学发展史的最大特征是禅僧在其最初阶段担当了推手。这是因为日本在当时（以及后来的江户时代）的御用宗教是佛教，而政治体制则是武家政权支配下的世袭封建制，没有采用科举官僚制。在日本，光靠研治朱子学，既不能谋求生计，也不能赢取社会声望。清原宣贤正因出身博士世家，才会连朱子学也示以关心。但其他博士家的人仍固执古注，清原自己也是新旧并存。足利学校与之类似，对于朱子学系统的易学知识，他们所关注的仅仅是经书解释（占卜等）一类的零散信息，至于与王弼注的世界观存在根本分歧的部分，则不太重视。16世纪阶段的日本朱子学，在思想解释方面还极不成熟。

到17世纪，进入江户时代后，情况为之一变。德川家康招聘林罗山为政治顾问，虽然这并非像旧说那样，意味着朱子学成为官方意识形态，但也仍是一件划时代的大事。罗山遵循惯例，以僧人身份、改用法号道春出仕将军家,但这时他不再信奉佛教,本质上是儒者,而且与博士家的人不同,是纯粹的朱子学者。他有家室,其地位亦为子孙所世袭。

地方大名中也存在较为积极引入朱子学、取代佛教作为教学内容的趋势。其中著名事例,当举土佐山内家执政野中兼山按朱熹《家礼》安排其母葬礼及其墓制一事。到17世纪末,又出现了统称为好学大名的保科正之、池田光政、德川光圀、前田纲纪等人,他们提倡神儒一致,谋求践行朱子学式葬礼。大名以外的其他阶层中也有实践《家礼》的人。

在这样的土壤中,出现了与将军和大名颇有往来的山崎闇斋、新井白石、室鸠巢等朱子学者。闇斋倡神儒一致论(垂加神道),其墓虽然一般称为神道式,但有关构想实际基于儒教、特别是朱子学。鸠巢则是得到特许,获赐建于江户郊外的儒教式墓地(大冢先儒墓所)。不同于16世纪之前朱子学仅作为五山文化的一部分而存在,新的局面开始了。

然而与中、韩不同,对于日本而言,重要的是上述事例其实由于罕见才得到频频提起。在整个江户时代,朱子学并未作为官方学说深入民间。日本人死后是葬于菩提寺的。即使儒者致力于推广朱熹的《四书集注》,在这个问题上依然无能为力。朱熹的学说仅限于凭其《四书》注解发挥道德训诫的作用,其世界观、特别是围绕人的生死问题对佛教的批判,并没有成为江户日本一般习俗的基础。如此的接受状况,究竟是与美术史等领域中所谓"选择性的接受"的解释相通,还是可从其他理路来说明,今后尚需谨慎讨论。

不过，不可忽视的是朱子学对王权的渗透。最显著的例子是17世纪后期由德川光圀发起的《大日本史》编纂计划。这项计划应该受到了他所收留的朱舜水和东皋心越的影响。基于这些明遗民的节义精神，《大日本史》在内容上止于14世纪南朝（吉野朝廷）灭亡（严谨地说，是到南北统一后出身北朝系统的后小松帝为止）。虽然该安排意图何在，目前尚无定论，也有人认为光圀本人未必主南朝正统论，但该书以南朝为中心来描述南北朝，且以南朝并于北朝一事收尾的写法，应该已向读者充分暗示了其立场。江户读者所喜爱的曾先之《十八史略》就以南宋灭亡作结（当然曾先之是元代人，他的历史只能写到南宋），若与此书对照，光圀等人将南朝灭亡看作"历史的终结"，也是极其自然的。

该书贯穿朱子学的大义名分论，刻意将平安中期以降的"帝"称为"天皇"，将"镰仓殿"称为"将军"，借此宣扬：与他们同时代、住在京都"禁里"的"天皇"（尽管出身北朝系统）才是日本的君主，而江户的"公仪"①只是"将军"、臣下。

在中国和韩国，皇帝和国王是独掌王权的。当然像清朝这类复杂的王权会在面对蒙藏民族时以藏传佛教护法之王的地位自居，不过在面对汉人和汉字文化圈中的朝贡国（朝鲜和琉球）时，则向来是以朱子学式的"皇帝"之形象示人。朱子学的存在意义就在于对这一王权形态的说明。但在日本，在武家的领袖、实质的王（被明朝认定为"日本国王"的王权）之外，还有自古以来的旧王与之并存。要用朱子学的理论来说明如此格局，究竟应该像新井白

---

① 公权力、政府之意。

石和荻生徂徕那样将江户的王权认定为根本制度，还是像水户学那样明示江户一方不过是"将军"，两者之中必须选出一个答案。而自18世纪进入19世纪以来，后者的观点开始成为主流倾向。

18世纪末，蒲生君平曾为考证历代天皇陵墓而著有《山陵志》。此前一千年以来，佛教一直在负责为皇家追荐，而在蒲生当时，皇家的菩提寺是以俊芿为中兴之祖的泉涌寺。然而，蒲生这部著作的问世开始引起时人对遗忘已久的古代帝陵的关心。终于，在"天皇"称号复活的同时，以古老传统的复兴为名，神道式的葬礼和陵墓也得到采用。在这一动向下，原本基于神佛习合和佛法王法相依的王权理论被迫做出改变，开始与明治维新这一"近代"道路相连接。不过，它其实发端于17世纪致力于建构与佛教不同的王权理论的朱子学自立运动。近代天皇制的成立，可以从朱子学——这门本来作为五山文化的一部分而传入日本的学说——的发展史中加以把握。

一直以来，上述诸多现象都是在日本史的框架下处理的，今后有必要从文化交涉学的角度来重新考察。

本文初载于《东亚文化交流研究》(《東アジア文化交渉研究》) 别册第8号 (关西大学东西研究所，2012)，是在关西大学组织的以"文化交涉学"一语来研究东亚交流史的研究会上提出的论文。虽然是面向研究者来写的，行文可能稍难理解，但并非实证研究，只是在为笔者自己所关注的问题提供框架性的论述。从应仁之乱爆发（1467）到大政奉还（1867），刚好四百年。

日本对朱子学、阳明学的接受

汉唐训诂学

今日的主题是朱子学、阳明学如何传入日本、又如何得到推广,不过先从朱子学和阳明学是如何在中国诞生的这一点说起吧。

朱子学、阳明学,都是儒教流派的名称。朱子学是指信奉朱熹(1130—1200)学说的流派。就如孔子、孟子一样,"子"是对老师的尊称,所以作为开山祖师的朱熹也与孔孟并列,称为"朱子",其学说于是叫作朱子学。而阳明学则是指继承王守仁(1472—1529)所主张的思想内容的流派。因为守仁号"阳明",所以称为阳明学。

儒教在汉代(前202—220)发展为成熟的学说体系。听到这样的话,可能不少人会想:"儒教不是始于孔子吗?"当然,孔子确实算是儒教的始祖。只是按笔者的讲法,孔子之时还只有儒家,发展到与儒教之名相副的形态,则是汉代的事。史料上出现"儒教"一词的时间更晚。汉代尚无如此说法，要到公元5世纪左右时才出现用例。道教、佛教在当时相继成立，于是与它们并列的"儒之教示"，即"儒教"一词也由是诞生。①

儒教成熟于汉代，其思想内容则是据传由孔子所编纂的经书（虽然这并非史实，但儒教中人一直认为孔子是经书的编纂者）。儒者通过解释经书，提出了理想的国家形态，并在汉代获得了左右国政的实力。

其中的标志性案例是王莽。他的名字出现在《平家物语》开篇的"祇园精舍之钟声"一段中。他取代汉朝，开辟了以"新"为号的新王朝。不过由于他按照儒教观念，尝试以脱离现实的空论来推行统治，闹得民心背离，因此新朝仅经历王莽一代十五年就灭亡了。

随后收拾乱局的人则是汉高祖的后裔刘秀。他即位皇帝后，复兴汉朝，后世称为光武帝。历史上称他之后的汉朝为东汉，而称亡于王莽的汉朝为西汉，以示区别。

在始于光武帝的东汉，儒教的理论日趋精致，开始作为御用学说发挥作用。于是，逐字逐句、细致解读凭借孔子亲自编纂的地位而拥有权威的经书——如此一门学术逐渐发展起来了。从这时起，它被称为"经学"。

顺带一提，经书或经学都称为"经"（けい，kei），不过它们与佛教所说的"经"（きょう，kyou）实质上是相通的。现代汉语

---

① 目前所见最早作为"儒家的学说"这个意义而使用的案例，见于《宋书》卷14《礼志一》及同书卷55《臧徐傅传论》。

中，两者都读作"jīng"，并无区别。然而日语从某个时期开始，在佛教有关的用语中读作吴音，而儒教为与佛教相抗衡而特意读成汉音。同一个"经"字，佛教方面按吴音读作"きょう"，儒教则读作"けい"。至于道教的场合则两种读法都有，研究者们会各自按自己的考虑来读，不过名异实同。笔者是儒教的研究者，所以一般读"けい"。

汉朝灭亡后是《三国志》的时代，而在包括三国时代在内、历史学上称为魏晋南北朝（220—589）的时代，佛教正式进入中国，将佛典从梵文译成汉文的事业由是开展起来。通过阅读、掌握梵文，中国人意识到汉语不过只是人类语言中的一种。

于是，中国人开始考察自己的语言。虽然儒教没有阅读梵文的必要，但儒教的经学本身受到了佛教的影响，中国的学者开始有意识地反思汉语这个母语。

由此，文字意义的解释方法愈加精深。虽然统一南北朝时代的隋（581—618）是短命王朝，但之后的唐（618—907）则有三百年之久。在唐代初期，汇集了东汉以后经学精华的《五经正义》，作为一项国家事业而编纂成书。而在佛教方面，玄奘也刚好在同时期开始重新翻译佛典。

这里所谓儒教的经学，因将重点放在字句解释上，被称为汉唐训诂学。训诂就是指对文字的解释。然而，755年爆发安禄山之乱后，王朝权力逐渐衰退。于是，与国家、政府所编定的《五经正义》不同的经书解释开始出现。提出这些解释的人，并非反体制派或者背叛国家的人，反而是支撑着唐王朝的官僚（士大夫）。他们只是在反思东汉以来累积的经学成果，并在此基础上尝试独立探究孔子编纂经书的本意。

朱子学、阳明学的诞生

唐朝灭亡后，经过统称五代，即短命王朝接连登场的数十年后，就到了宋朝（960—1279）。这是一个延续了三百年的长命王朝。宋代朝廷在沿袭《五经正义》之余，增补了其他七种未被收入的经书，并用当时已步入实用阶段的印刷技术刊行。在唐代，印刷术尚未普及，所以"印刷"是一件意义非常重大的事。印刷使大量复制变得可能，而不必逐册手抄。写本难免会出现文字的不同，印刷品则能全部保持一致。

宋初刊行的经书，现在称为"十三经注疏"。但当时尚未加入《孟子》，所以其实还只是"十二经"。其中《春秋》被认为是孔子编纂的史书，其解释分为三派。《春秋》经只有一种，三个解释流派称为三传，因此经也不是真的有十二种。按宋初印刷时的叫法，是用时人眼中的神圣数字——九，称为"九经正义"。我们现在所说的"十三经注疏"，并非当时的名称。

继承《五经正义》的解释刊行于宋初的 10 世纪末。与此相对，之前所介绍的从唐后期开始批判汉唐训诂学的经学新动向随后也再度活跃起来。其中心人物欧阳修（1007—1072）在中国文学史上很有名，在儒教史上也是经学方面非常重要的人物。

承接欧阳修之后，比他晚一辈的王安石（1021—1086）也是政治史上的重要角色。此外，程颐（1033—1107）、苏轼（1037—1101）等人也将新的经学体系化，出现了不同流派相互竞争的情况。学术上的纷争波及政治上的对立，称为"党争"的斗争由是产生。在宋朝因北方的金入侵而南迁后，继承程颐而称为道学的流派崛起，朱熹由此登场。

朱子学的特点在于树立了理气论。据该理论，世界由气构成，而气的生成和运动中存在作为普遍法则的理。正因如此，人类社会中的个体和政府的行为举止，都应遵循它。毕竟，每个个体都被赋予了理（性即理）。朱熹死后，朱子学不单因为在思想体系上有其理论优越性，也因与一些社会条件相合，得以超越其他各派，成为主流。

宋朝之后，蒙古即元朝勃兴。元之后的明朝（1368—1644）也是如唐宋一样延续了近三百年的长命王朝。在明代，科举考试中以朱子学的观点答题的做法得到制度化，为此《四书五经性理大全》编纂成书，取代了唐初的《五经正义》。相对于《五经正义》是汉唐训诂学的集大成者，《四书五经性理大全》则是朱子学的集大成者。

不过，自该书问世以来，本来以批判汉唐训诂学起家的朱子学，由于成为御用学说，也日渐僵化。这是思想史上不断在重演的事：某学说出现后，得到官方认可，并编纂出正统教典，从而导致学说的僵化。

在此期间，也出现了对朱熹的释经抱持些许怀疑的学者。他们通过部分地修正朱熹的学说，提出了个人的主张。其中修正力度最大的是王守仁。朱熹主张学习课程是阶段性的、渐进的。在朱熹本人看来，并非"我首先这么认为"，而是孔子的主张也是如此；不是自己发明了正理，而是教主就这样讲过，不过前人一直讲错了而已。朱熹也持有如此主张，王守仁则认为他的主张不对。

阳明学认为，朱熹的性即理，会扼杀心的生动活泼，关键应在于肯定心固有的活动，这就是"心即理"。

王守仁的立场同样不是"我自己这么想出来的"，而是主张"孔子、孟子这样说过，汉唐的训诂学者解释错了，朱熹也解释错了"。

阳明学诞生于16世纪。一般认为其背景是当时的中国即明代后期经济上的活跃，与随之而来的社会动荡。在社会流动频繁而造成局势不稳的同时，经济方面则保持着繁荣，阳明学就是在这种社会经济背景下大受欢迎的。但在1644年明亡清兴，随着清朝开始统治中国，作为流派的阳明学走向了灭亡。

与明朝一样，支持清朝统治中国的也是朱子学。但其间又出现了在学术上复活和继承汉唐训诂学方法的学派，即清朝考证学。中国今天仍笼统地将朱子学和阳明学称为宋明理学，而宋明理学的批判者就是清朝考证学。

遣唐使时代的儒教传入

现在很难认定最初是谁将朱子学传来日本的。一向都有各种说法，但要形成定论则是困难的，也没有意义。因为朱子学并不是日本的儒者主动学成回国后，以"那边变成这个学说了"的方式介绍进来的，而是佛教僧侣作为业余的技艺带回日本的。

稍微回到之前的时代。日本在公元7—8世纪建设国家的过程中，以唐为效法对象。众所周知，与遣唐使同行的是肩负学习唐朝学术、思想之使命的留学生。留学生中的名人吉备真备（695—775），在中国待了十八年，到晚年还率使节团再度入唐。吉备真备的功绩是掌握了哲学、音乐、历史、天文、军事等方面的知识，并将之带回日本。

按照现在的学问分类，刚才列举的确实可以说是"各种学问"，但就当时的认识而言，其实都可以用儒教一词来概括。与真备一同入唐的僧侣中有玄昉，而他以及9世纪初入唐的名人最澄、空海等僧侣，带回日本的绝不只是狭义上的佛教教义。例如空海在四国教人贮水灌溉就是人所共知。治水技术在今日属于工程学系的知识，不会拿到文学部的印度哲学研究室教授。但从前的佛教是涵盖这类知识的。

同样，儒教也并未狭隘地限于哲学、伦理。律令在中国本来就是立足于儒教的礼的理念而制定的统治手段。吉备真备所负责的，就是从这种观点出发，深入探究日本的律令制度。虽然那时的日本已有律令，而为了知道这些律令在实际过程中应如何运用才好，据说真备花了十八年留学唐朝，学得相关知识后将它们推广到了日本。相关论述可参见日本史学者大津透的《律令制是什么》（《律令制とは何か》，山川出版社，2013）一书。

于是，通过真备之类的留学生，汉唐训诂学也由相应的专家传入日本。真备自然也学过汉唐训诂学。在9世纪遣唐使被废止，日本的儒者再也不能到中国留学。之后，汉唐训诂学就在日本国内的特定家族中代代相承。菅原、大江、清原、中原，乃至虽是藤原氏但家格逊于摄关家的家族，开始世袭传授这些学问。他们称为博士家。汉唐训诂学风格的经学,就在他们当中原封不动地传授、固定下来。

而佛教则在遣唐使废止后仍然着保持人员交流。之所以如此,是因为僧侣能搭乘民间的商船往来两国。不过,这并非单纯的搭便船行为。不如说是由于佛教组织经济实力雄厚、拥有大量庄园,也在从事商业活动,所以会出现如此局面。或者也可以认为,拥有如此经济实力的佛教教团通过运用中国方面的人脉,得以参与到国际贸易中。

9世纪末,唐朝势力衰退,地方政权林立,在今日浙江省的地方则出现了吴越国。日本就专与吴越交流。原因之一在于,从九州出海横渡东海后,对岸就是吴越国的地域,这条航线自遣唐使时代起就已确立。另一点值得考虑的理由是最澄传来的天台宗,其圣地天台山就在吴越境内。基于如此的历史背景,日本与吴越建立了来往关系。

吴越在10世纪末被宋吞并。之后,可资证明僧侣交流的史料与此前相较明显减少。这是由于实际交流的减少,还是由于可以确认的现存文献变少,一时难以断言。不过这两方面原因都是有可能的。

佛教与中国之间的联系虽然不无细碎,但始终得到维持。儒教则截然不同。像吉备真备以专家身份前去学习儒教然后返日的事例,在遣唐使废止之后就再无来者。例如辅佐源赖朝的大江广元虽是博士家出身,但他并没有到学问来源地的中国学成归来的经历。

这样一来,要说遣唐使废止后佛教和儒教的差别,一言以蔽之就在于是否具备派出学生的财力。这一差异也使得僧侣扮演起了将朱子学带回日本的角色。

禅的兴盛

宋代佛教的特征可以说是禅门的兴盛。众所周知，禅宗内部一直相传，禅是由达摩大师在6世纪带到中国的。但达摩其人生平暧昧，此事真伪难以遽信。目前可以明确的是，号称达摩一系的僧侣在唐代活跃一时，甚至进入过庙堂。而在845年会昌灭佛后，禅宗在整个佛教组织内的比重相对变高。然后就是宋代。

宋代当然有像知礼（天台宗第十四祖，960—1028）这样不属于禅宗的天台宗高僧，但至今尚属知名的宋代僧侣，几乎都是禅僧，如佛日契嵩（1007—1072）。契嵩和欧阳修生卒年相同。虽然这是偶然，不过他们身上的确带有同样的时代气息。

契嵩著有《辅教编》。他是禅僧，所以该书以禅为主题，但同时又提倡禅有助治心，所以有益于政事。

在欧阳修等人提倡新的儒教经学的同时，禅僧也在摸索新的佛教形态。儒者和禅僧于是开始互相交流。儒教中有渊源于程颐、大成于朱熹的朱子学。虽然这个道学流派举起了排佛的旗号，但实际上不少道学家均信奉禅宗。朱熹的父执辈都与禅林过从甚密。朱熹本人也是在这种环境中学习成长起来的，形成了体系化的思想，构建了朱子学。

不过，朱熹在自己的学说中批判禅，在非难同属道学而与自己见解不同的陆九渊（1139—1193）时，也说"陆九渊这家伙主张太接近禅宗了,这很糟糕。简直和禅宗没两样嘛"。换句话说,在朱子学中,禅一词具有负面形象,是非难对手时的用语。

虽说如此,道学以及广义上属于宋代新儒学的儒者,都对禅抱有好感,也与禅僧交流结友。所以,反过来说禅宗寺院中应该也有人在研读道学派的典籍。

禅的目的是追求佛教上的开悟,所以研读儒教经书、学习经传注疏,并非必要功课。但禅僧也是中国人,这些学习对于他们而言,应该有助于掌握身为中国人而必需的教养。用现代日本大学的讲法来说,这就是他们的教养教育。对于禅僧,他们的专门知识是禅,但并非只要开悟就足够了。在达到开悟这一目标前,毕竟还需要广泛的学养。

禅僧对朱子学的导入

日本在12世纪由平氏执政后,通过明州(今宁波)与中国频繁展开贸易。叶上荣西(1141—1215)曾两度入宋(1167、1187—1191),俊乘房重源(1121—1206)则自称"入唐三度圣人"——说是唐,其实当然是指宋。这里的"三度"是实指,还是说不论去过几次都可以用"三度"来表达、未必是实指,如今也是众说纷纭,但总之应该是去过多次。

到13世纪,京都泉涌寺的僧人中,除了律宗的俊芿(1166—1227),禅方面也有道元(1200—1253)、圆尔(1201—1280)等人入宋留学,担起传扬中国当地佛教界新动向的角色。其中的一环就是将朱子学传入日本。

圆尔到宋留学时，已是印刷的时代。他寻求购买的更主要是刻本，而非写本。此外，来自他人的赠书应该也有不少。以他为开山的寺院中，有如今位于京都的东福寺。而对于由圆尔带回、最终收藏在东福寺的书籍，寺中僧侣在他圆寂后整理出《普门院经论章疏语录儒书等目录》这一收藏清单。

其中很多书因火灾等原因而亡佚，但凭借这份目录，我们仍可一窥藏书的构成。据该目录可知，包括朱熹《四书集注》在内，其中收藏了不少与朱子学相关的书。到今日，现存藏书中虽然没有朱子学的书籍，但有与道学关系紧密的张九成为四书之一的《中庸》所作的注。由于这是宋版书，现在已被评为重要文化财。

当然，有书和读书是两回事。笔者自己的藏书里，实际读过的大概也不到一成。所以，圆尔及其弟子是否从头到尾地学习过朱熹的《四书集注》，现在不得而知。其他僧侣也是这类情况。但既然带回了日本，他们肯定对朱子学是有了解的。圆尔之外的僧侣应该也是这样，只是圆尔留下了目录，所以可以得到证实。

圆尔在中国留学时师事的是无准师范。后者的弟子，即圆尔的师兄弟中有兰溪道隆（1213—1278）。他在1246年来到博多，后来应幕府执权北条时赖邀请，到镰仓创立了建长寺，于是将那里当作传播和教授禅宗的据点。之后，同样来自中国的僧人无学祖元（1226—1286）赴日，成为建长寺旁边圆觉寺的开山。

荣西和圆尔的学说并不独尊禅宗，而主张兼修教密。与此相对，佛教学者认为兰溪和无学将纯粹禅带到了日本。

不过后来，由兰溪和无学门下创立的五山文化也要求僧侣具备广泛的文化修养。由于这种教育应该已在当时的建长寺和圆觉寺得到推行，因此很难认为他们只会一心修禅。其实对禅来说什么是"纯粹"，本来就是一个问题。

兰溪等人的作用非常重要。正如村井章介"渡来僧的世纪"一语所示，自13世纪后期到14世纪前期，以兰溪为代表的众多中国僧人来到了日本。

他们不是独自前来的。8世纪鉴真和尚东渡日本时，也并非孑然一身，而是偕有众多弟子。这些弟子中除了学问僧，还有能雕佛像、能建房屋的工匠。正因为有了这些人的同行，唐招提寺才得以建成。而兰溪也是带了好些中国僧人前来的。

于是，建长寺和圆觉寺是按当时中国的建筑样式即宋风建筑而设计、建造的。兰溪和无学并非独自前来，一个人包办了设计和建造整个流程，而是仰仗一同移居的僧团才建成了建长寺和圆觉寺。无住①的《杂谈集》就提到"建长寺中俨然异国"。寺中一片汉语的对话声。兰溪本人应该学过一点日语，但日常生活中用到的恐怕还是汉语。

他们应该也向镰仓幕府的中枢报告过宋朝的五山制度。仿照这一制度，建长寺和圆觉寺等被指定为日本的五山。

镰仓幕府灭亡后则是室町幕府。其开创者足利尊氏、直义兄弟深深皈依于无学的徒孙梦窗疏石（1275—1351）。基于梦窗的构想，室町幕府以北朝光严上皇的名义，计划在全国建设安国寺、利生塔。这事最后似乎未能遍行全国，不过镰仓时代以来的五山制度则在梦窗主导下得到完善，并且该制度此后还在梦窗门

---

① 无住一圆（1227—1312），镰仓时代后期僧人，兼习禅、密，曾受圆尔灌顶。

人（梦窗派）与以东福寺为据点的圆尔一门（圣一派）相对立的格局下，支撑着室町时代的禅宗。由此开创的文化，称为五山文化。相关论述谨请参考《向东亚海域出发4：东亚之中的五山文化》（岛尾新编、小岛毅监修《東アジア海域に漕ぎだす4：東アジアのなかの五山文化》，东京大学出版会，2014）。

当时，负责对明外交事务的也是这些五山僧。他们还担任着幕府的学术、政治顾问。现存记录显示，梦窗疏石的弟子义堂周信（1325—1388）在被当时的将军足利义满问及《孟子》注释时，回答"中国有新旧二派，内容不同"。这新旧二派，就是指东汉赵岐的注和朱熹的新集注。也就是说，义堂知道汉唐训诂学一系和朱子学一系的内容解释颇有差异。梦窗和义堂都没有到过中国。但与义堂同门的名僧绝海中津（1334—1405）曾在中国留学十年（1368—1378），而且刚到中国的当年正值明朝建国的1368年，体验到了明朝建国伊始的氛围。

如此而言，13—16世纪日本对朱子学的接受，完全是由禅僧来实现的。这与韩国的朱子学接受史存在根本差异。韩国在高丽时代已效法宋朝完善了科举官僚制，在学力测验中考查儒教经典的知识，测试结果优良的人，就为自己打下了进入政界的基础。到高丽末期，朱子学也渐渐传入半岛。特别是在蒙古的入侵下，高丽不得不称臣，其官僚由此来到朱子学开始流行的蒙古（元）都城北京。于是，高丽儒者得以借机直接受教于中国儒者。

到了明朝，这一趋势愈加明显。1392年成立的朝鲜王朝从一开始就以朱子学为国教。与此相对，日本虽然与明有建交，但其外交使节团均由禅僧主持，两国儒者没有交流的机会。窃以为正是因此，朱子学在国家仪礼和冠婚葬祭之礼的层面上的新元素要到很晚近的时候才传入日本。毕竟，虽然禅僧将朱子学作为教养的一部分学成归国，但他们所践行的仍是佛教仪礼。他们没理由要去积极引入儒教式的仪礼。这与韩国方面是由儒者积极引入朱子学仪礼的情形大不相同。

附带一说，中国佛教中的国家仪礼和生命礼仪，也是吸收了早已存在的儒教和道教的要素，再经一番损益而成形的。归根结底来说，它其实还是儒教式的。

江户时代朱子学的独立和阳明学

朱子学的学习者不再是禅僧、而是儒者这种状况，要到江户时代之后才出现。标志这一点的，是活跃于江户初期的藤原惺窝（1561—1619）、林罗山（1583—1657）、山崎闇斋（1618—1682）三名学者的经历。惺窝本来是相国寺（京都五山第二位）的僧人，后来还俗。罗山少年时在建仁寺（京都五山第三位）钻研学问，但当时并未出家。山崎闇斋是妙心寺（与五山有些距离的京都临济宗寺院）出身的僧人，后来在土佐还俗，成了儒者。

讽刺的是，罗山少年时业已有志于朱子学，所以拒绝出家，并为习得朱子学而特意拜入藤原惺窝门下，可是后来在出仕德川家康时则剃发服僧衣，改号道春。这是因为到武家政权中枢出仕的学者必须是僧侣的惯例尚在发挥作用。镰仓幕府以来的传统在江户初期仍然适用。

在这点上，林罗山遭到晚辈儒者中江藤树（1608—1648）的批判："说儒者之道，徒饰其口；效佛氏之法，妄剃其发。"可见，到了藤树的世代，开始要求以朱子学立身处世的学者不应是僧侣而是世俗人士了。年代稍后的伊藤仁斋（1627—1705），更在京都的市中心，宣扬作为世俗人士伦理规范的儒教。

根据明治时代井上哲次郎等学者的分类，中江藤树是阳明学者，伊藤仁斋是古学者，是与朱子学不同的。不过，仁斋年轻时其实也学过朱子学。和藤树一样，他们都是在对朱子学有所怀疑后，脱离了朱子学，开始从事与今日这个分类相称的活动的。

中江藤树在其短短一生的晚年，与王守仁及其弟子王畿的学说产生了共鸣，但藤树其实是在自家学说成形后才读到王阳明的书，产生了"啊，和我想的一样嘛"的感慨。因此，他的历程与中国的阳明学稍有不同。

井上哲次郎的《日本阳明学派之哲学》一书将中江藤树、熊泽蕃山、三轮执斋、佐藤一斋、大盐中斋（平八郎）等学者串联起来，合称阳明学派。但这部著作在介绍中江藤树时冠以藤树学派的称呼，介绍大盐时则称之为中斋学派，然而这些学者之间其实并未构成一种接连不断的学统。其中唯一存在师徒关系的，只有中江藤树和熊泽蕃山，而他们二人思想也颇有差异。说来蕃山除了出身藤树门下这点，在笔者看来，就没有什么能让人确认是阳明学者的特征。想在江户儒学中发现阳明学的谱系，是明治以后的愿望，不能反映江户时期的实态。相关论述详见拙著《近代日本的阳明学》。

其实中国的阳明学也有类似情况。直到现在，仍然时常可见

"陆王心学"这个概括性的称呼。"陆"是之前介绍过的朱熹的论敌陆九渊,他的思想据说就是心学,于是有些学术史就将心学的谱系从陆九渊下接到王守仁。

的确,王守仁在提出"心即理"一语时,曾将陆九渊尊为前辈而推崇有加。黄宗羲(1610—1695)有关宋明时代儒学史、儒教史的两部著作,受到这一说法的影响,梳理出一条主线,即朱陆两派自宋代以来相持不下,最终演变成朱子学与阳明学的对立。这一框架影响深远,如今仍有拥趸。但事实上,陆氏的学统未能持续传承,也不曾发挥重要的作用。在笔者看来,王阳明只是为了对抗朱熹,才举起心学一词作为旗号。

相较之下,更为重要的是一直有人在质疑朱子学的修养方法。他们在学习朱子学时,对朱子学的可靠性产生了怀疑,并通过一番考求,发现过去也有人认为朱子学讲错了。这样的过程在历史上不断重演。

于是,这些人被排在一起,构成了从陆九渊到王守仁的谱系。井上在《日本阳明学派之哲学》中,应该也是按这个思路,将江户时代的"阳明学者"串联起来的。

总之,无论中国还是日本,倾向于心学、阳明学的人,都被对阳明学一流持批判立场、以正统朱子学人自居的一方,贴上了"禅"这一具有谴责意味的标签而受到批判。如前所述,朱熹在批判陆九渊时就用过这个词,而因为王守仁提倡脱离朱子学框架的思想,很容易让人联想起朱熹对陆九渊的批评,于是这个词也被用来批评王守仁。反过来说,持亲禅立场的人,以及深于禅学的僧侣,则对阳明学抱有好感。

明代后期，即自16世纪至17世纪前期，中国的阳明学者与禅僧之间的交流颇为频繁。其实，朱子学登场前，宋代新儒教的引领者们也同样与当时的禅僧过从甚密。正是因此，阳明学能传入日本，有禅僧的一份功劳。

在这点上，朱子学、阳明学的矛盾并不尖锐。本来在中国，两者就不能说是完全异质的学术：它们都与汉唐训诂学大不相同。因此，也都与号称继承了汉唐训诂学的清代考据学一系不同。朱子学也好、阳明学也好，在训诂学、考证学眼中都是同样的东西。所以，它们一并成为考证学的批判对象。

而在日本，由于在室町时代负责传播儒学的主要是禅僧，所以朱子学与阳明学在理论上的不同不曾得到关注。日本儒者中以朱子学自立的第一代和第二代人——藤原惺窝和中江藤树，则被认为朱王折衷的色彩鲜明，学说中混合了朱子学与阳明学。当然，与其说是他们自己有意混合两者，不如说这两种学说就是以这种混合的形态为日本人所理解的。中江藤树也是在这一潮流中与阳明学相遇的。

相较之下，虽然林罗山尊崇朱子学，但其外在身份仍是僧侣。在这种形势下，试图捍卫纯粹的朱子学者之立场的，是山崎闇斋。他和弟子致力于实践《朱子家礼》，并结合日本自古以来的神道，建造了儒教式、同时也是神道式的坟墓。

关于《朱子家礼》，虽然有各种说法，但一般认为该书由朱熹编纂，规定了一家之中所行的礼法——具体而言，就是书中说的冠婚葬祭。其中在日本也受重视的是葬和祭，即埋葬仪式和祖先祭祀。

日本自古就有非佛教式的葬礼和坟墓，是按律令中的规定而采取的方案。本来律令就是儒教的礼的成文法形态，因而受到汉唐训诂学的影响。简而言之，它是儒教式的事物。虽然日本古代制度中固然也有佛教色彩浓厚的部分，不过毕竟存在儒教式的部分，因而江户时代神儒一致的主张，不过是让本来同源的两个传统再度显得相似——追根溯源的话，两者并无二致。山崎闇斋他们所谓的日本古代的神道式，本来就是在中国儒教影响下才形成的。为此，他们在学习朱子学的《朱子家礼》、创新性地引入儒教式这块招牌时，就以儒教式"与日本自古以来的神道式相似"为理由，而两者会相似也是理所当然的事。

罗山和闇斋强调神儒一致，是因为当时日本的主流势力是佛教。出于对佛教的抵触情绪，他们才想到让并列第二的两者联合起来与佛教争衡。

到江户时代，出现了后世称为"好学大名"的儒教爱好者，也就是池田光政（冈山藩）、保科正之（会津藩）、德川光圀（水户藩）、前田纲纪（加贺藩）等人。而后来成为将军的德川纲吉和家宣，他们在馆林和甲府当大名时，也对朱子学抱有好感。昔日室町时代的将军、大名身边都是五山僧侣，与此相对，江户将军和大名的侧近则是朱子学者。

林罗山祖孙三代虽然都以僧侣身份出仕，但到纲吉时林家第三代的凤冈（1645—1732）则获准蓄发出仕。之后，林家历代的家长均以大学头一职讲授朱子学，成为幕府的御用学者。有名的新井白石（1657—1725）、室鸠巢（1658—1734）也在这时登场，他们都出自木下顺庵（1621—1699）门下。木下顺庵是藤原惺窝徒孙，白石、鸠巢则是惺窝的徒曾孙。他们与林家学风稍异，但还在朱子学的范围内。

之后则出现了荻生徂徕（1666—1728）这位重量级人物。他自学出身，所学的仍是朱子学，并因此获得纲吉的亲信柳泽吉保的招揽。他在晚年提出批判朱子学的方法论，建立了堪称江户儒学一大流派的古文辞学。

到江户中期，朱子学从禅寺独立出来，而后世称为正学的林家朱子学、顺庵一脉的学统、伊藤仁斋的仁斋学、荻生徂徕的徂徕学以及中江藤树的藤树学等各派学说，各自形成了边界清晰的传承。

进入19世纪后，中国朱子学用过的尊王攘夷之类的危险口号，开始广泛渗透到学习朱子学的日本人中。用吉田松阴所提倡的"草莽崛起"来讲，尊王攘夷一词的确深入到了草莽阶层中。在尊王攘夷的主张下，一些不安定分子着手策划暗杀幕府的大老和老中、杀伤西洋人，并最终推翻幕府，造就了明治维新。

本文初载于《東洋学術研究》第54卷第2号（2015），是应创价大学公益财团法人东洋哲学研究所之邀所发表演讲的记录。

五山文化研究导论

玉村竹二的慨叹

> 五山文学完全是文学界的孤儿,只得感慨独在异乡。
>
> ——玉村竹二

开篇这则引文的作者玉村竹二,负责东京大学史料编纂所《大日本史料》的第七编(室町时代前半的北山时代),调查了以大德寺文书为代表的五山文学相关文书和书籍等原始史料,并在此基础上编成了《五山文学新集》全六卷及别卷二卷。可以说,他站在日本史学者的立场上,深切体会到了五山文学的重要性。而他在《五山文学新集》[1]总序中所抒发的,就是上述慨叹。

据玉村的说法,五山文学在中国研究、佛教研究、日本研究三个领域都不受重视。五山文学诗文多用佛教词语。"仅此一点,就难入中国文学专家的法眼,带着三流货的标签,只能得到'佛教气息太浓'的评价。"相反，在"研究禅宗宗旨的专家"看来，五山文学处在中国僧人的汉诗文和日本僧人的和文之间的位置，而"在汉文表达方面，光是中国的祖录①就已经够多了，至于夹在汉文、和文间的五山文学作品，其地位犹如继子，向来得不到重视"。至于日本文学研究，则认为"其文体为汉文，因此无论如何也不能与日本文学的正统相提并论"。

换句话说，中国研究、佛教研究、日本研究（国文学）都认为日本禅僧所作汉诗文不值得专门研究。结果就如开篇的慨叹所示："就这样，五山文学完全是文学界的孤儿，只得感慨独在异乡。"玉村说，只有历史学界"为此感到怜惜，或明或暗地施以援手"。

玉村这篇序言落款于昭和四十二年（1967）3月19日，距今已有五十余年。其间凭借以玉村本人为代表的各位学者的努力，五山文学逐渐得到人们的关注和理解。不过，这只是说五山文学研究在个别作者和作品上有所深化，至于五山文学的历史地位、五山文学是什么这类深入本质的问题，至今仍如玉村慨叹时一样，尚无进展。像五山文学论——包括以义堂周信、绝海中津为代表的所谓梦窗派的五山主流作品，和一休宗纯的异端作品——的问题，以及"五山文学"这一范畴本身是否成立的问题，相关研究也很不充分。[2]

正如玉村是历史学者一样，笔者也不是文学研究者，而且不像玉村，笔者主要研究的并非日本文化，而是中国思想。以如此身份来提出有关五山研究的问题，虽然是越俎代庖，但在参加共

---

① 禅宗的祖师语录。

同研究[3]后多少有点心得，再加上这些年来也积累了一些个人见解，所以斗胆在此班门弄斧。

"镰仓新佛教"与五山

如今高中的日本史和伦理课仍然在教授"荣西最早将临济宗传入日本"。然而，只有加上一些前提，这种说法才不会违反事实。[4]

今日隶属"临济宗"的众多寺院，其实分属好几个流派，在如何扎根于日本的问题上，它们各有各的经历。如"临济宗东福寺派"，就是圆尔留学时从无准师范，将其学说从中国带回日本后形成的，在谱系上与荣西无关。又如"临济宗建长寺派"以渡日僧兰溪道隆为派祖，也与荣西无关。以兰溪后任的身份被召到镰仓的无学祖元，则是"临济宗圆觉寺派"的开山。荣西只是"临济宗建仁寺派"的祖师而已。[5]

以荣西代表临济宗全体的说法，之所以能渗透到学校教育中，与"镰仓新佛教"这一观念的成立关系甚大。众所周知，作为与平安佛教异质的新宗派，凭借"镰仓新佛教"的名头而备受关注，并按一人为一派开祖的形式来讲述的，有以下六派：净土系新兴的三派——法然的净土宗、亲鸾的净土真宗、一遍的时宗，在天台教学的脱密教化运动中产生的日莲的天台法华宗（现称日莲宗），以及新来的禅佛教——荣西的临济宗和道元的曹洞宗。

其实"镰仓新佛教"这一概念本身，不过是模仿西欧16世纪的宗教改革，将镰仓时代比作佛教革新时代而提出的一种假说。[6]通过与基督宗教中的新教相对比,镰仓新佛教因其"救赎个人灵魂""与政治权力保持距离"等特点,被认为颇具历史意义,研究者也试图从这个角度来论证它与在政治、社会层面支撑着旧体制的平安佛教的差异。

在这种观念下,净土系三派特别是净土真宗开始受到重视,加上《叹异抄》①的公开出版,以及大正六年(1917)仓田百三《出家及其弟子》(《出家とその弟子》)的刊行,在这些事件的影响下,亲鸾的学说被认为是对于近代社会也很有价值的学说,其人由是得到重新评价。至于天台宗改革派的日莲,因为曾受幕府迫害,而被认为具有反权力的一面,因而也获得了正面评价。

在禅宗系统内,与幕府权力保持距离、提倡"只管打坐"的曹洞宗道元,他的学说也备受注目。标志性的论文是和辻哲郎的《沙门道元》。该文因收录于大正十五年(1926)刊行的《日本精神史研究》而颇为有名。临济宗则有活动于林下②的大德寺、性格特行独立的僧侣一休。他从江户时代以来就颇受庶民欢迎,享有很高声誉。

各宗派在江户时代的寺请制度下,都纷纷强调自己如何与安宁秩序、良好风俗相称。而面对上文提到的近代思想史的这种论述,各派转而巧妙地力倡自家祖师宣扬的是适合近代社会的普世学说。在此风潮下,室町时代官方宗教的五山就开始以负面形象示人。

---

① 系亲鸾的语录,在亲鸾死后由其弟子唯圆编成。
② 与五山等大寺被称为"丛林"相对,其他寺院则称"林下"。

津田左右吉的五山文学批判

本文开头提到玉村竹二对五山文学评价问题的感慨,下文则试图介绍促成相关评价(流毒)形成的津田左右吉《文学中所见我国国民思想的研究》(《文学に現はれたる我が国民思想の研究》)一书。其知名度及影响力之大,谓之"主犯"似乎亦无不可。津田在书中第 2 部《武士文学的时代》——此卷刊行于大正八年(1919),与《出家及其弟子》和《日本精神史研究》是同时期的著作——的第 2 篇第 4 章有如下论述:[7]

> 所谓五山文学是这样的:与国文学及国民思想都几乎没有关联,不过的确存在于社会的一隅,所以算是有考察的必要。

"存在于社会的一隅",所以"有考察的必要"。津田起笔就流露出对五山文学的敌意。

在他看来,所谓五山文学,就是修行立足于"支那"思想[8]的禅宗,而且在文化上的所有方面都倾心于"支那"的禅僧所作的"支那"诗文,所以"到底只是在模仿支那人的口气而已"。而且,内容上也是在讲"支那"的思想、"支那"的事物,"并未打算借用支那语、支那文来表现日本人的思想、描写日本的事物"。

津田以渡唐天神的传说为例,介绍了五山僧侣如何在思想上醉心于"支那"。所谓渡唐天神,是东福寺的开山圆尔梦到菅原道真（菅公）渡海学禅于圆尔之师无准师范的故事。五山僧以此作为宣传禅的材料，使它与道真的画像（渡唐天神像）一同广为流通。对此，津田评论道："渡唐天神传说大概出自禅僧之间，而让他们所崇敬的文学之神菅公向无准参禅，就可见他们思想上的支那本位。"由此可见，他对于日本文学的代表人菅原道真[9]成了"支那"禅僧的弟子的构想是持批判态度的。

津田又提到，"禅僧的汉文学难以与国风同化，是因为它是基于支那人独特的趣味而形成的"。这一表述也如实反映出，津田认为能同化于国风才是好的。在他所构想的国民文学历史中，五山文学很难找到适合自己的位置：

> 禅僧的态度不是国民的，而是世界的。本来他们思想中世界的中心是支那，所谓"世界的"其实就是支那本位的。要之，禅宗与禅僧的思想，到这个时代依然是异国的事物。……要之，禅僧的汉文学不过是仅仅流行于禅宗丛林中的、另一个世界的文学游戏而已。

这是要将五山文学当成外国的事物而排除在外，以描绘与之不同的、纯粹的国民文学的历史。津田对五山文学的严厉批评，就这部著作所构想的主题——"文学中所见我国国民的思想"而言，倒也有不得已而为之的一面。

津田顺带提及五山中习见的书画兴趣，并评论道：

> 与禅僧关系非同寻常的所谓宋元画之仿作，无疑也没有

作为国民艺术的资格。国民文学应是和歌、连歌、物语；同样，国民绘画则是大和绘这类广行于世的事物。

五山文化就是作为"支那"文学、"支那"绘画的仿作，与作为国民文学的和歌、连歌、物语，以及作为国民艺术的大和绘相对立而存在的。然而，"仿作不过是仿作"。在日本占据主流地位、"广行于世"而存在研究讨论价值的，是"国民文学""国民艺术"。津田就这样抹杀了五山文学。

不只津田，在针对五山的整体评价中，这种论调在当时属于主流。在大正时代，人们是在强调"国民"的脉络下回顾历史的，五山文化于是成为需要被否定、抹杀的对象。

津田上述著作出版数年后，平泉澄在基于其东京帝国大学课堂讲义写成、出版于大正十五年（1926）的《中世的精神生活》（《中世に於ける精神生活》）中，虽然没有直接言及汉诗文作品，但提到"五山僧侣中虽然据说也有相当通晓支那历史的人，但全然不了解我国历史的人则不可胜数，或者至少可以说，他们都对本国历史缺乏见识"。与津田同样，这里也可看到他们是如何批判"支那"中心主义的。平泉还以五山僧日记多见有关男色的记载为例，批评了后者道德堕落。[10]

这些在大正时代形成的看法，并不只关系到五山文学评价的问题，还促成了对室町时代文化的刻板印象。也就是说，在艺术方面从传统文化形成期的角度予以正面评价，在文学、思想方面则从停滞的角度予以负面评价，由此形成了一种认识上的割裂状态。然而，两者其实都是在同一平台上产生的现象，所以有必要将二者有机结合起来解释。笔者就打算通过"五山文化"一词对此稍做探讨。以下拟以凭借政僧身份活跃一时、对五山体制的确立做出重大贡献的关键人物——梦窗疏石为例，来阐述这个问题。

梦窗疏石的位置

梦窗疏石（1275—1351）是堪称南北朝初期代表性人物的禅僧。他出身伊势源氏中的佐佐木氏，自幼在显密系寺院出家，二十岁时转入禅门，三十一岁时在镰仓净智寺成为高峰显日（后嵯峨天皇的皇子）的法嗣。四十五岁时受觉海尼（北条高时之母）招揽，此后接受后醍醐天皇及足利尊氏、直义兄弟的皈依，先后被后醍醐天皇、光明天皇、光严上皇授予国师之号，加上追赠，被称为"七朝帝师"。他是临川寺和天龙寺的开山，在观应扰乱① 中去世，时年七十七岁。他也是在足利政权推行宗教政策、营造天龙寺以及设置安国寺、利生塔过程中的中心人物。天龙寺之外，他还是相国寺——足利义满在春屋妙葩（梦窗门人，也是其亲外甥）鼓动下所造——名义上的开山。他可以说是室町时代五山制度之父。其法脉称为梦窗派，在室町幕府中独占僧录司等外交、文化政策方面的要职。

临川寺、天龙寺之外，他还创建了甲斐的惠林寺和镰仓的

---

① 从观应元年（1350）到三年（1352），足利尊氏、直义兄弟两派之间所产生的内乱，其影响波及全国。

瑞泉寺。他在这些寺院中设有庭园一事，也广为人知。特别是京都的西芳寺，本身是由过去隶属净土宗的西方寺改宗、重修而成，而寺中景观还成为后来足利义政东山山庄的模板。西芳寺的伽蓝在应仁之乱中完全焚毁，庭园也受到破坏，因此现在已不复梦窗当日之旧景。也有人认为，寺中著名的枯山水"洪隐山枯泷石组"，在梦窗当时并不存在，是在应仁之乱后的复兴时期才建成的。[11]至于成为西芳寺别名由来、在寺中生生不息的著名青苔，象征的本是该寺日后的衰微，而在近代形成的视角下却被奉为"日本的传统美"，这一命运真是讽刺。换句话说，梦窗本人和"苔寺"的诞生毫不相干。不过，（梦窗当时的）西芳寺、天龙寺庭园，无疑作为室町时代的规范而广受景仰。就此而言，梦窗是五山文化无可辩驳的领导者。

然而，在历来的五山文学研究中，梦窗的作品几乎没有得到重视，尽管被视为五山文学双璧的义堂周信、绝海中津都是他的弟子。顺带一提，在玉村的《五山文学新集》刊行前出版、由山岸德平校注的《五山文学集·江户汉诗集》（岩波日本古典文学大系第89卷，1966）中，梦窗的诗一首也没有被收入。

编者这么做当然也有其理由，比如认为梦窗的作品较之义堂、绝海，乃至较之其他五山诗人的水平都显得逊色。加上梦窗在政界又相当活跃，也容易让人觉得他没什么诗才。但正如下文所述，他的和歌受到很高评价，因此他的汉诗写作应该不存在技法上的问题。梦窗与众多五山诗人的不同之处在于，他没有到中国留过学。

成为禅僧后，二十来岁的他一直在建仁寺无隐圆范、建长寺苇航道燃、圆觉寺桃溪德悟等处辗转修行，直到拜入高峰显日门下。无隐等人都是建长寺开山渡日僧兰溪道隆的法嗣，高峰则是圆觉寺开山渡日僧无学祖元的法嗣。一般认为，兰溪和无学的来日，为镰仓引入了南宋的禅风。梦窗作为他们的徒孙，就在这一禅风的巩固期累积修行。此外，梦窗还在建长寺师事过渡日僧一山一宁。于是，尽管处于这样的环境——或者该说正因为有如此优越的环境，他才会从未到过元朝，只在日本国内度过修行生涯。

就禅僧的整体情况而言，能去留学的人其实极为有限。但门下人才辈出、在五山体制内执牛耳的梦窗派，其祖师竟然没有留过学，这仍然是一件值得注意的事。据说梦窗曾对希望留学的弟子说，没有必要留学，向留学归来的僧侣学习就够了。可以想象，他并不鼓励什么事都要留学。义堂也没有渡元（虽然不知是否出于梦窗的劝阻）。绝海在明待了十年，但那是梦窗殁后的事。

待在日本国内也是可以产出汉诗文的。事实上，梦窗的偈传到发源地中国后，还得到过中峰明本①的击节赞赏，可知他的汉文能力绝不逊色。义堂没有留学经验，但仍与绝海一并被誉为五山文学的代表。

因此，或许我们不该将梦窗没有海外经验，与其诗文在文学史上评价不高两事匆匆联系起来。当然也不妨推测，可能正因为没有海外经验，梦窗深深体会到自己与留学归来者的差异，才在有意无意中把主要精力投往汉诗文创作之外的领域。

---

① 元代提倡看话禅的重要禅师。

《梦中问答集》是他主要的思想性著作。该书用汉字、假名混杂的文体写成，通过记录他和足利直义的问答来讲述禅的学说。该书的地位在梦窗派如日中天的室町时代时自不用说，就是到江户时代，它作为禅学入门书，依然读者甚众。[12]基于本文主旨，这里想谈的是该书的两项特征：一、内容上是与执政者的问答；二、由梦窗本人印刷刊行。

足利直义以征夷大将军尊氏之弟的身份执掌幕府实权，人称武卫将军或副将军。已有学者指出，该书采用与直义这类人物对话的形式写成，可见梦窗有意阐明佛法和王法（世法）之间的关系。[13]透过向世俗最高掌权者说教，梦窗奠定五山文化基础的政僧形象也就跃然纸上。

另外一个重点是，为了让该书能广为流通且不致失真，梦窗用上了印刷出版技术。在印刷史上，这书可谓是最早使用汉字、假名混杂文的出版品——当然，它在分类上属于五山版。会采用这一形式，大概是因为考虑到弘法对象中也存在不熟悉汉文的读者。[14]现在看来可能不会觉得有多么了不起，但在印刷品只有汉籍的当时，出版汉字、假名混杂的书籍，是颠覆常识的创见。如果我们承认梦窗曾对提高假名的地位做出贡献，那么还像津田左右吉那样轻蔑五山文化就是不可取的了。

室町时代盛行的所谓抄物（古典著作的讲义笔记），内容上并不限于内典。就数量而言，反而是以口语注解的外典汉籍更引人注目。五山之中，梦窗派在这方面也有突出的表现。绝海的徒孙，即梦窗的三传弟子桃源瑞仙，在应仁之乱尚未结束的文明年间著有《周易》《史记》《三体诗》等抄物，堪称这一时期的代表性作者。他对包含经、史、集在内的中国古典均施以和语注解，正与《梦中问答集》的性质相通。如果在讨论五山文学时，不再限于汉诗文，而是将抄物也考虑在内，就自然会牵涉到日语书面语的形成问题。

而且比起汉诗文，梦窗在和歌领域更为有名。西山美香指出，梦窗的和歌扮演了装点足利义政东山山庄的重要作用，并认为"一直以来，'禅林文学（五山文学）'中得到关注的唯有汉诗，但禅林一直在创作和歌和说话，拥有丰富的'和文学'传统"[15]。在仿照西芳寺而建的东山山庄中，吟咏和歌的梦窗是人们憧憬、敬仰的对象。一直局限于汉诗文的"五山文学"论，恐怕并不符合当时的实际情况。

作为一个文化整体，五山是荟萃了知识和美的宝库，我们在理解它时不应为后世的框架所限，而有必要按当时的思维从多方面来考察。与政治顾问和寺院庭园营造者两方面相比，作为思想家、文学家的梦窗尚未得到适当评价。可以说，现在正需要从上述的思路出发重新对他予以综合性的评价。[16]不只梦窗，对于圆尔和兰溪这些活跃于五山草创期的人，也应采取如此立场。

南宋宗教制度研究的切入点

安国寺和利生塔的制度，据说是梦窗在出版《梦中问答集》的同时，与足利尊氏、直义兄弟一同制定的。该制度计划在日本全国各地（六十六国和二岛，共六十八处），分别设置抚慰战死者的安国寺和祈祷民生安定的利生塔（舍利塔）。一般认为，尊氏等人这么做不只是出于宗教动机，也出于期待能凭此巩固足利政权的政治基础。[17]

已经有学者指出，如此构想源自圣武天皇的国分寺制度和阿育王建立八万四千舍利塔的故事，今枝爱真则强调其中也存在来自宋朝的影响。这是指徽宗为抚慰民心而在各州建立天宁禅寺，以及高宗为追荐徽宗而在各州设立报恩光孝禅寺两事。但没有史料能证明宋朝政策与足利政权设置安国寺、利生塔直接相关，梦窗和直义也不曾提过这些宋制，因此这只是今枝本人的推测。[18]

这一见解因而在学界得不到共鸣。[19]不过，考虑到五山制度本来源发于南宋，而且该制度是在中国各地禅院制度变得有名无实后才得到确立的，今枝之说倒也不见得完全荒唐无稽。特别是南宋初期高宗的报恩光孝禅寺一事，显示出不安定的中央政权想要透过禅寺控制地方的意图，可谓与早期足利政权的时代背景相似。不难想象，梦窗及其身边人士，可能曾通过文献或口耳相传的记忆得知此事，由此设计出上述政策。

但问题是，中国方面也缺乏相关史料。现存的中国史料没有提到徽宗和高宗的政策具体情况如何。虽然从《佛祖统纪》卷47可以看到高宗在绍兴九年（1139）设立报恩光孝禅寺的记述，但详载南宋初期史事的编年体著作《建炎以来系年要录》则全无相关记录。[20]至于徽宗，虽然他对道教的倾心（作为批判对象）得到大书特书，关于其佛教政策的记载、回忆则仅限于他尝试将佛教放在道教之下而最终失败这种打压佛教的方面。[21]就连高宗这位人所共知的佛教信徒，谈到其政策时也是侧重于他如何崇儒而堪称明君的一面。今枝之说缺乏实证，其实源于宋朝禅宗政策方面史料的阙如。

说来中国对五山制度的记录就不够详细。一般认为该制度发端于宁宗(在位 1194—1224)时宰相史弥远的提议,但此事不见于官方记录,只是佛教教团内部的说法。众所周知,史氏一族自弥远之父史浩起就是佛教的庇护者。禅院五山的其中两山,就在史氏祖籍庆元府(今宁波),余下三山也在属于他们势力范围的行在临安府(杭州)内。据此可以推测这一传闻的正确性,但将五山立为定制的官方文书,始终不见于任何二手史料。

这种史料阙如的局面,可能是因为我们今天用到的宋代、特别是南宋后期的史料,是在某种偏见下编纂而成的。这就是所谓"朱子学的滤镜"。

虽然这种倾向在此前的中国已经很明显,但在宋人的历史编纂中就更为突出。在儒教意识形态的支配下,徽宗、高宗两朝的历史在当时就已通过儒教的有色眼镜而遭到涂抹。即使当时真的实行过从各州筛选特定禅寺的制度,史官也不屑于靠记录此事来称颂皇帝的业绩。此外,由于史弥远政权的历史评价问题,宁宗时期不少事情并未得到如实记录。毕竟,尊奉朱子学说的士大夫在理念的左右下,对史弥远政权实情的讲述是有所扭曲的。到宁宗之后的理宗朝,这一时期的会要(官方同期编纂的史料集)终南宋一代未曾得到编撰,到宋元易代后史料整理的工作才有所进展,于是又出现新的问题。一言以蔽之,现在我们所熟悉的南宋后期历史,不过是朱子学者按自己的意识形态而构造的故事。[22]

同样的情况也见于南宋、元代编纂的杭州、宁波方志。这些方志不仅没有把五山寺院的设立当作本地的光荣加以记载,反而满是将佛寺视为有害设施的记述。[23]这反映的不过是编纂者即儒教士大夫的认识,而非当时当地人的共识。五山制度在中国的文化和宗教史上,没有像日本的五山那样得到重视,以致相关研究鲜有进展。也就是说,这并非由于五山制度本身在中国不重要,而是与相关史料的传承方式有关。这完全不同于日本史上的情况。在日本,负责政府(幕府)官方记录的是五山(特别是相国寺)僧侣,其记录则成为研究室町时代政治、制度的基础史料。

不过反过来说,这意味着中国五山的情况,或许可以参照日本的情形,实现部分复原。在中国,不只禅,连教、律都各自设有五山,但具体情况则全然不清楚。[24]日本的律宗虽然在镰仓时代因入宋留学者而得以复兴,但并未像禅院五山那样得到体制化,只是比起中国,至少留下了记录当时状况的史料。还有,五山制度在元代乃至明初尚能维持,然而其结构和运作状况,都由于相关史料的匮乏较之南宋更甚而无从着手。只就中国残存的史料来看,明代似乎自立国起就俨然是纯粹的儒教王朝。然而这是明代朱子学士大夫单单留下如此史料的结果。如果全盘接受这种说法,恐怕就正中他们的下怀了。

如果能靠重新建构日本五山的情况,来复原中国"失去的历史",也算一项学术性的国际贡献了。与中国一样,近世韩国的历史编纂也处于朱子学的支配下。是时候去除儒教意识形态的遮蔽,阐明东亚海域文化的整体面貌了——笔者相信,这样的研究在将来是大有可为的。

结 语

本文前半部分重新确认了五山文学在日本文学史中受到轻视的看法成形于近代、特别是大正时代一事，并指出这一看法牵涉到对镰仓时代宗教史的评价。后半部分则聚焦于五山文化中的关键人物梦窗疏石，依据前人研究，阐述了他在文化方面发挥的重要作用，并指出今后的首要课题就是兼顾梦窗在各领域的活跃状况，做出更深入的研究。此外，关于梦窗尝试推行的安国寺制度的渊源，有学者认为它与中国宋代制度有关，本文则介绍了宋代制度本身几乎鲜有研究的现状，并指出宋史研究现存史料中的问题，同时主张日本五山文化研究的深化可能有助于突破现有的史料困境。

本文所述，不过是在前人各种成果的基础上，重新组装成的私论、试论①。至于相关实证工作，还有待今后展开。笔者相信，在这样的尝试下，闭塞于各自领域的研究同人可以有机结合起来，超越既往的框架，为新型历史观开辟出一片天地。

对于日本而言幸运的是，在历史悠久的寺院和江户时代的大名家中，保留了数百年前的大量书籍和文书。与原始史料因战乱和政策而大多亡佚的中国相比，可以说条件相当优越。如果能利用传入日本的史料来再现中国"失去的历史"的一部分，应该可以让日本中国学在国际上提出引以为傲的成果。五山文化研究中正潜藏着这一可能性。

---

① 日语中私、试同音，此处是作者的文字游戏。

注

〔1〕《五山文学新集》由东京大学出版会自昭和四十二年（1967）至五十六年（1981）间刊行。此前已有上村观光编纂、裳华房自明治三十八年（1905）至大正四年（1915）间刊行的《五山文学全集》四卷，玉村的工作正位于其延长线上。

〔2〕一休是在林下的大德寺而非在五山寺院活动的僧侣。有人认为他的作品不适合列入"五山文学"，所以发明了"禅林文学"一词。于是，"五山文学"本身则专指禅林文学的某一部分。不过，正如下文所述，笔者对于五山的文化成就，并未局限在文学领域，而是试图放在当时整个文化体制下加以把握。基于这一立场，本文所谓五山文学，是将一休之类的林下僧人都包含在内的广义用法。五山体制中的十刹、诸山自然也不例外。

〔3〕本文的写作得益于众多先行研究，暂且列举其中关系最深的四种：末木文美士《日本仏教思想史論考》（大藏出版，1993）、村井章介《東アジア往還：漢詩と外交》（朝日新闻社，1995）、西尾贤隆《中世の日中交流と禅宗》（吉川弘文馆，1999）、伊藤幸司《中世日本の外交と禅宗》（吉川弘文馆，2002）。

〔4〕以明庵荣西为日本禅宗鼻祖的讲法，一般认为发端于镰仓末期虎关师炼《元亨释书》。但其后又出现了一种颇有市场的观点（即荣西之前禅法已经传入日本），并将此事归功于圣德太子和弘法大师空海。无论如何，将禅宗理解为荣西、道元带来的新佛教，是今人的认识，与五山时期当事人的自我认识之间存在出入，这一点我们绝不可忽视。

〔5〕现归类为临济宗的宗派，还有五山寺院序列的南禅寺派、天龙寺派、相国寺派，及林下的大德寺派、妙心寺派等，共计十四派。京都五

山六寺，除了东福寺的塔头①万寿寺，其他都成了独立的大本山，这不光源于学说内容的不同，还牵涉到世俗层面的瓜葛。除了建仁寺，其他寺院或以圣一派（圆尔派）、或以梦窗派为开山。在镰仓，与荣西颇有因缘的寿福寺、净妙寺如今则将以兰溪为开山的建长寺奉为大本山。

〔6〕一般认为，原胜郎载于明治四十四年（1911）《藝文》的《東西の宗教改革》一文首倡其说。

〔7〕以下所引《文学に現はれたる我が国民思想の研究》，见洛阳堂1919年刊本页305—311。

〔8〕为尊重津田的用法，在介绍其观点时，不改成"中国"，而是沿用"支那"一词。

〔9〕津田在《文学に現はれたる我が国民思想の研究》第1卷《贵族文学の時代》中，对于道真仅以汉诗人（而非歌人）的身份在两处简单提及，而且评价不高。考虑到道真还是名字被刻在波士顿图书馆外墙上的两位日本文学家（另一人是同样以汉诗文闻名的赖山阳）之一，可知当时他在日本内外都获得了很高的评价。相较之下，津田的这一安排就十分耐人寻味了。这无疑是他对整个汉诗文的严厉批评的其中一环。

〔10〕当然，近人也并未一味否定五山文学的价值。折口信夫在平泉《中世に於ける精神生活》出版当年（1926）主讲"室町时代文学"，在其讲稿（收入《折口信夫全集》第23卷，中央公论社，1997）中，高度评价了五山文学在室町时代文化中的地位，并且说"《五山文学全集》的刊行计划仅在出版诗文四卷后就戛然而止，实在可惜"（页195）。玉村竹二正是为实现这一理想而编纂了《五山文学新集》。笔者希望能在今后对于津田、平泉、折口以及和辻哲郎等大正学者的（认为与中国异质的）日

---

① 祖师、高僧死后，弟子在其佛塔附近或寺内建立的、用来守护佛塔的小院、小庵。之后，高僧禅让方丈一职后，所住的小庵也称作塔头。

本文化论，做出一番全面比较研究。

〔11〕飞田范夫《庭園の中世史：足利义政と東山山荘》(吉川弘文馆，2006)。

〔12〕《梦中问答集》今有川濑一马的现代日语译本，收入讲谈社学术文库。至于该书写作意图及思想特征，详见西山美香《武家政権と禅宗：夢窓疎石を中心に》(笠间书院，2004)。

〔13〕玉悬博之《夢窓疎石と初期室町政権》(收入《日本中世思想史研究》，ぺりかん社，1998)。有关梦窗的专著还有玉村竹二《夢窓国师：中世禅林主流の系譜》(平乐寺书店，1994)、佐佐木容道《夢窓国师：その漢詩と生涯》(春秋社，2009)。

〔14〕西山前揭著作认为，"这是在主张本书的适用对象上至身为王者的直义、下至平民女性，言下之意就是试图让该书成为禅宗这个国家宗教的正典"(页193)，"这项工作有意将本是外来宗教的禅，从单纯的舶来品，转变为日本的禅宗而自立"(页248)。

〔15〕西山前揭著作，页270。

〔16〕西山在前揭著作的序论中，认为《梦中问答集》和天龙寺的创建都是梦窗思想的具体表现，并指出"天龙寺的创建，在思想、社会、政治、经济、文艺、美术、娱乐、建筑、庭园等方面都带来了重要变革"(页6)。

〔17〕论及安国寺、利生塔的前人研究，有辻善之助《日本仏教史》第4卷(岩波书店，1949)、今枝爱真《中世禅宗史の研究》(东京大学出版会，1970)、前揭玉悬著作及松尾刚次《日本中世の禅と律》(吉川弘文馆，2003)等。

〔18〕"直义对于中国宗教界有深入的了解，因此他的参考对象，与其说是天平时代的国分寺，不如说是中国的前例吧"(今枝前揭著作，页133—134)。

〔19〕松尾批评今枝之说论据薄弱。就管见所及,目前还没有人在今枝之说基础上展开实证研究。此外,关于利生塔,西山美香前揭著作举例说明了尊氏对于源赖朝的强烈意识,认为利生塔也是他对赖朝施政的模仿。

〔20〕报恩光孝禅寺似乎其实是由既有寺院改名而成的。这与安国寺的情形类似(新建的国分寺则另当别论)。至于改额之年则众说纷纭。如后来认定为五山之一的杭州报恩光孝禅寺,按《咸淳临安志》卷78的说法,则更名于绍兴十九年(1149)。

〔21〕徽宗一度让寺院和道教一样称为"宫观",僧侣的名称则仿照道士改称"德士",尼姑改称"女德",以至于释迦也获得了"大觉金仙"这种道教风格的称呼。

〔22〕参见拙著《中国思想と宗教の奔流:宋朝》(讲谈社,2005),页356—360。

〔23〕前揭《宝庆四明志》和《咸淳临安志》在记载相关寺院(径山兴圣万寿禅寺、北山景德灵隐禅寺、太白山天童景德禅寺、南山净慈报恩光孝禅寺、阿育王山广利禅寺)时,并未提到它们被认证为五山寺院。就连中国五山的规格,也有赖于日本编成的《扶桑五山记》才为今人所知,中国方面的史料仅仅散见于教内著述以及宋濂的文集。按西尾贤隆(正是他先论及中国五山的史料问题)的说法,"关于径山以外五山的顺序,目前无从得知"(《中国近世における国家と禅宗》,思文阁,2006,页241)。

〔24〕教是指经典的教学,在日本属于天台宗系的修行法门。律是指戒律,在日本则属律宗。俊芿在南宋的律院中钻研学问,归国后则以泉涌寺为据点复兴律宗。而西尾《中国近世における国家と禅宗》对于元代教院的情况,提到"不能确定哪些寺院被指定为五山十刹"(页

241），并附注"没有发现律院五山十刹的存在"（页254）。《宝庆四明志》等资料介绍寺院时用上禅、教、律的分类，显示出制度上存在如此的三分法。

本文初载于《中国—社会と文化》第24号（中国社会文化学会，2009）。其内容基于2008年夏在同志社大学有关五山文化的研究会上所作的报告。

梦窗疏石私论：超越怨亲差别

梦窗有庭之癖

《槐记》[1]享保十年（1725）五月十八日条，有如下一段文字：

> 据说光广曾在回信末尾劝诫不要一味作歌，毕竟那不是修禅必需的事，于是答复"梦窗有庭之癖，雪舟有画之癖"，并在信末附上和歌"世人都有自己的癖好，在我而言则是敷岛之道，还望您能包涵"。光广于是才同意提供指导。

"光广"是乌丸光广（1579—1638），以二条派公家歌人的身份广为人知。此处与光广往复的则是泽庵宗彭（1573—1645）[2]。这段是在讲，光广劝诫泽庵应该专心探究禅法，毕竟歌道有碍修行，泽庵则回答说"世人都有自己的癖好，在我而言则是敷岛之道（即和歌）"。《槐记》成书于18世纪前期，相距两者已有百年之久,所以此事真伪难以断言。但泽庵在此援引雪舟和梦窗来为自己辩护,可见在18世纪前期,梦窗(庭)、雪舟(画)、泽庵(歌)三人一并成了以"癖"见称的禅僧。

众所周知,雪舟等杨(1420—1506?)是室町画坛的代表名手。而梦窗疏石在大众中的知名度比起其他二人可能稍为逊色,但他其实是有"七朝帝师"美誉的高僧。[3]故事中泽庵主张"既然雪舟和梦窗都这样,那么自己有癖好也是当然的",这说明传承这段记录的人也认同这个前提。另外,这里所说的"癖",是指人们对于特定事物的嗜好。

不过泽庵与另外两人有些区别。和歌是日本本土的"敷岛之道",而雪舟的水墨画、梦窗的禅庭,则得益于文化交流,是效法中国禅林的旨趣而在日本大放异彩的事物。

梦窗设计的庭园中,最著名的是京都的天龙寺。该寺以他本人为开山,开基①是足利尊氏(1305—1358),建寺目的则在于为后醍醐帝(1288—1339)祈求冥福。此外,镰仓的瑞泉寺和京都的西芳寺(以"苔寺"之名广为人知)内的庭园,也是他的作品。对于前述故事中的泽庵和尚而言,梦窗是以造园而闻名的先贤。

梦窗与雪舟不同,没有到过中国。从而,他在设计庭园时并未参照在中国禅林的实地见闻,而是基于他在日本领悟到的禅林庭园理想形态,并且他也在致力于落实这一领悟。但是,这些设

---

① 开山、开基两词基本同义,不过在禅宗、净土宗语境中,开山专指宗教立场上的寺院创始者,与此相对,开基则专指在世俗方面负担建寺等经济开支的人。

计依然属于13世纪开始的"五山文化"[4]的潮流；对于他的后代门徒而言，它们都是"理想的禅庭"，值得奉为圭臬。[5]

过去都说，"平安中期国风文化成立以后，日本自身的独特文化开始在列岛内部成形"。对此，如今各领域的研究者都有所反思，而所谓的中世其实一直在与中国大陆、朝鲜半岛保持交流、接受文化刺激，这一看法在近年逐渐成为定论。[6]本文试图以梦窗为例，讨论禅僧作为文化媒介的作用。下文所引多数史实都出自专家们的研究成果，而笔者则试图按照自己的理解加以整理，论述这些史实反映出的文化接受的面向。

禅、教、律

南宋的佛教可以分为禅、教、律，分别对应戒、定、慧三学（戒对应律，定对应禅，慧对应教）。[7]所分三类则各选名刹五所作为"五山"。[8]

绍定六年（1233），随着任相已二十五年之久的史弥远（1164—1233）引退、逝世，郑清之（1176—1251）代替这位庆元府（今宁波）的同乡，自此执掌南宋国政，任相十八年之久，直至淳祐十一年（1251）去世。① 他在所著《劝修净土文》中，认为"不由禅教律而得戒定慧者，其唯净土之一门乎"，所以主张净土较为优胜。[9]可见"禅教律"观念通行于当时，而他这位儒

---

① 据《宋史》卷414《郑清之传》，郑清之于端平三年（1236）九月罢相，淳祐七年（1247）再相，至淳祐十一年即去世当年始致仕。原文任相十八年之说不确。

教士大夫的支持则表明，净土专修的观念也很流行。

他的这一主张相当耐人寻味。毕竟，据说前任宰相史弥远就是五山制度的创始人。而且史郑二人都是宁波人。史弥远之父史浩（1106—1194），也做过宰相。如今京都大德寺所藏的《五百罗汉图》里据说就有他的身影（井手诚之辅之说）。[10]

大德寺本《五百罗汉图》是由宁波惠安院僧侣自淳熙五年（1178）起的十年间，向宁波当地及周边区域的居民募捐后制成，捐赠者也借此祈求祖先冥福和本族繁荣。惠安院在宁波东郊东钱湖畔的青山（阳堂山）之麓，据说十六罗汉①曾在这里现身。《五百罗汉图》中有多幅涉及水陆法会。研究者们推断为史浩的人物，则与水陆法会的创始人、南朝宝志和尚（418—514），在画中面对面相视。

关于史浩之子史弥远创立五山制度的过程，由于史料匮乏，如今难以考辨。[11]但可以肯定的是，儒教士大夫官僚的史氏一族是护佛人士。

宁波于宝庆三年（1227）编纂本地方志，书名则用上宁波的雅称"四明"。为了与其他时期所编的方志有所区别，这部通志被冠以编纂时的年号，通称《宝庆四明志》。当时，史弥远还在宰相位上，永平道元（1200—1253）也刚好到宁波游学。

《宝庆四明志》统共二十一卷，前十一卷是有关庆元府本身的记载，卷12以下分述辖下六县的情况。卷11《叙祠》介绍府城（即鄞县城）内及近郊的宗教设施，分成神庙（在编者看来属

---

① 如今常见的"十八罗汉"之说，是宋代以后才确立的。

于儒教的设施）、宫观（道教）、寺院（佛教）三节。其中"寺院"之下，分为禅院三、教院四、十方律院六、甲乙律院六、废院六、尼院五（数字是对应寺院的数量）。鄞县本身的寺院则见于卷13，有禅院二十二（第一条是阿育王山广利寺，第二条是天童山景德寺）、教院二十四、十方律院八、甲乙律院三十六（上文说的惠安院在其中第十四条）。其他三县①也是这一体例。

鄞县惠安院的记述如下：

> 惠安院，县东四十里。晋天福三年建。皇朝大中祥符三年赐额。常住田三百九十八亩，山一千七百亩。

这条记载包括位置、创建年代、赐额年代、所有不动产面积，是所有寺院条目的共通格式。据此，惠安院始建于五代后晋天福三年（938）。当时该地属吴越，而吴越王则向晋帝朝贡，奉其正朔。

部分寺院的历史叙述更为详细。如鄞县禅院的天童山景德寺，其条目下还有"日本国僧荣西"来访的记载。不过不知为何，景德寺明明是全国禅林中的五山之一，却不见记载。或许由于编者认为此事不值一提，也可能只是由于他们不愿承认此事。[12]

此外，鄞县禅院中的最后两条记载，教忠报国寺是"史丞相府功德寺"，妙智院是"史丞相府功德院"，而教院部分最后的法华寺是"史丞相府功德寺"，十方律院最后的悟空院也是"史丞相

---

① 余下五县即奉化、慈溪、定海、昌国、象山均采用这一体例记录，作者原文似有讹误。

府功德院"，可知史弥远正是这些寺院的大檀越（可能从史浩一代起业已如此）。

除了《宝庆四明志》，现存宋代方志并未采用禅、教、律三分的方式来列举寺院。不过，《咸淳临安志》卷80的上天竺寺（教院五山第一，但该志没有相关记载）条目就提到，某住持"请于朝以教易禅"，可见这种三分方式有制度依托，其归类需经朝廷认可。

就这样，13世纪中国的佛寺是分为禅院、教院、律院来管理的。上述的宰相郑清之，其职务应该就包括维持这一制度。上述史料显示出他对"净土之一门"的认同，这是他内心真实想法的流露呢？还是出于"净土之一门"中人的恳求，情非得已而为之的产物呢？不论如何，这一制度——不妨称为"禅教律"体制——通行于南宋全境。至于实际运作状况如何，以及三分之下的管理机制等问题，由于"史料的欠缺"，目前还难以讲明。

兰溪道隆（1213—1278）、无学祖元（1226—1286）两人都在13世纪中叶来到日本，是改变了日本禅风的著名僧人。"渡日僧的世纪"也从他们起拉开序幕。[13]受此影响，叶上荣西（1141—1215）以来的"兼修禅"（兼修天台教学、密教和禅法）逐渐纯化，日本佛教开始接受"纯粹禅"。[14]虽然禅的纯化这种说法不太妥当，但禅的发源地即中国的五山僧来日一事，确实对当时日本佛教界造成很大的冲击。毕竟，渡日僧的伽蓝是纯粹的宋风建筑，寺中是中国人在往来操劳，满是汉语声调。[15]此外，前揭大德寺本《五百罗汉图》，也有人说是由兰溪带到日本的。[16]

然而，兰溪并未鼓吹过后世所谓的"纯粹禅"。他还是基于"禅教律"的观念（不如说对中国人而言这是理所当然的事），再加上念佛，主张以禅为内心，律为外相，教为言语，念佛为名号。（《大觉禅师坐禅论》）[17]

梦窗在建长寺师从渡日僧一山一宁（1247—1317），继而在万寿寺师从高峰显日（1241—1316，无学祖元的弟子），充分享受到"渡日僧的世纪"的好处。虽然他在谱系上属于所谓的"纯粹禅"，但其实际行动并未受限于狭义的禅。不必赘言他的"庭癖"，他的《梦中问答集》就在数处提及禅教律三分的话题。其中一节讲：

> 佛在世时，禅教律之僧在外形上并无二致。大家都遵照律仪整饬仪表，并且有志于兼修定、慧两种法门。然而到了末代，很难再有兼学之人。因此，佛门会分为三派，并不是没有原因的。可是各自墨守所学而相互诋毁的行为，则是大错特错。[18]

按梦窗的历史认识，过去并不分别三学，"末代"（即末法之世）的人资质变差，不再能全面地学习佛法，才会有三学的区分。所以他说，这种现状"并不是没有原因的"。问题是，分立出来的三学如今仍在互相诋毁。梦窗要求大家在认真对待各自所修法门的同时，也对其他学派保持敬意。他还认为，照这样下去，"定会让我等的佛法走向覆灭"。

换句话说，他理想中的三学兼修，已是明日黄花。现在个人能做的，唯有修行其中一种法门，遵循其中的教义来实践佛法。

从而，不仅三学能实现共存，佛法也能透过协作机制的建构而得到护持。换言之，他转换了视角，放弃从个人层面实现三学兼修，倡导在宗派间的协作下达成这个课题。

他接受掌握政权的足利兄弟的皈依，却并未想过把佛教界改造成禅宗的天下，大概也是出于"禅教律"的观念。然而旧佛教一方仍然对禅宗的兴盛感到不快，拿天龙寺的称号问题做文章，来挑衅梦窗。[19] 前文所引《梦中问答集》，也许就是这种背景之下的评论。面对"教"的总本山延历寺上门寻衅，梦窗大概还是打算用和平主义来对抗。

梦窗的生平

在此稍微介绍一下梦窗的生平。

梦窗出身伊势源氏，是佐佐木朝纲（生卒年不详）之子。四岁时随父移居甲斐，不久丧母。据说他生性爱好书籍，或许正是因此，父亲让他出家。当时，武士只能在佛寺修学。让儿子出家，放在今天就好像让他进大学一样。他在甲斐天台宗的名刹白云山平盐寺得度，此后不仅刻苦钻研佛典，还努力学习儒家、道家的思想。毕竟，当时所谓学问就包括汉籍的讲读、解释，会学到也是理所当然的。十八岁时在东大寺戒坛院受戒，之后因故皈依禅门。于是经纪伊、京都，来到镰仓，结果遇上一山一宁和高峰显日。后来他又游历各地，其间还在土佐五台山竹林寺结庵（吸江庵），并通过这层地缘关系，将后世所谓五山文学双璧的义堂周信（1325—1388）、绝海中津（1334—1405）收入门下。

梦窗志在隐遁。虽然他接受了北条高时（1303—1333）之母、掌控幕府实权的觉海尼（？—1345）的皈依，却没有定居镰仓，而是在相模的横须贺营建泊船庵住了下来。后来镰仓幕府灭亡，北条氏的男性死绝，觉海尼就带着一族女性移居伊豆的韭山，建了圆成寺。足利直义（1306—1352）向此寺布施土地时，梦窗就居中牵线搭桥。

正中二年（1325），梦窗受后醍醐帝征召，出任京都南禅寺住持，不过此次履职时间也不太长。在游历伊势、纪伊那智后，他又奉北条高时之命入居镰仓净智寺，创建瑞泉寺，为后者设计庭园。梦窗还在圆觉寺待过，然后在故乡甲斐惠林寺，并在那里充分展示了他的庭癖。正庆二年（1333年，因后醍醐帝自隐岐还朝复辟而改为元弘三年）政变后，受后醍醐帝邀请再次上洛，创建了临川寺。到此为止，他已在游历中度过一半生涯，之后则定居京都，成为禅宗的中流砥柱。后人熟知的"梦窗"之号，就是他在此时从后醍醐帝处获赐的国师号。

后醍醐帝与足利尊氏反目，形成了南北朝的分裂。尽管如此，梦窗也没有离开京都，而是投向北朝政权。他在贞和二年（1346）从光明帝（1321—1380）处得到"正觉"这一国师号，观应二年（1351）光严院（1313—1364）又赐号"心宗"。此前的历应五年（1342）四月，光严院曾偕同足利兄弟等人驾幸西芳寺，梦窗向光严院授予僧衣，接受了他的拜师礼。光严院一直以来由于处在后醍醐帝的阴影下而缺乏存在感，但他在这一时期的活动其实应该多加重视。[20]

传言梦窗向足利兄弟建议应安抚后醍醐帝死后的怨念后，

才有了天龙寺的创建。这一说法通过《太平记》等书而广泛流传。[21]与之相对,也有人主张梦窗本来认为敕愿寺①应该由天台或真言宗接手,所以坚决推辞,最终成为天龙寺的开山是情非得已的事。[22]

天龙寺址本是龟山院的离宫,称为龟山殿。[23]后醍醐帝在吉野驾崩的消息传到京都后,光严院在其七七忌的历应二年(1339)十月五日,下达院宣②,让"梦窗国师方丈"在龟山殿"祈奉先院证果"。[24]说来后醍醐帝的对手,其实不是一般所说的足利尊氏,毕竟两者的身份完全不一样。按当时的认识,后醍醐帝的对手应是持明院统的领袖光严院,而对于安抚大觉寺统③领袖后醍醐帝的死后怨念一事的必要性,感受最为强烈的也是他。天龙寺的创建,应理解为光严院才是主导,梦窗不过是其实行者。

历应五年(1342)三月,白河法胜寺发生火灾,院政期的标志性建筑八角九重塔遭到焚毁。东山这座旧式大伽蓝,随即被嵯峨岚山的新式大伽蓝取代。不难想象,此事会让京都民众觉得,"国王的氏寺"(法胜寺的绰号)也遭到了替换。

梦窗就这样成了帝师以及武家政权的智囊,但晚年这种以政僧身份活动的生活并不符合他的内心想法。《梦中问答集》在写作上采取了与足利兄弟往来问答的形式。其中虽然有很多与佛教有

---

① 由朝廷倡建,祈求镇护国家的寺庙。
② 平安时代后期以降,退位天皇(即上皇)及其中出家者(法皇)居住、办公的地方称为院,从中下达的文书则称院宣。
③ 后嵯峨天皇禅位其子后深草天皇后反悔,逼退了后者而另立一子,是为龟山天皇。此后,后深草天皇一系称持明院统,龟山天皇一系称大觉寺统。在镰仓幕府调停下,大觉寺统与持明院统决定轮流即位。后来持明院统的后小松天皇违反约定,让自己的儿子实仁亲王即位(称光天皇),两统迭立的局面于是终止。

关的内容，但也有牵涉政治的部分。由于直义肩负着幕政，恐怕当时还有不少咨询没有收入本书。

但就在此时，由于兄弟政治方针的不同，发生了观应扰乱，直义、尊氏甚至先后试图通过归顺南朝来牵制对方。梦窗为了实现兄弟间的和解，也在尽心尽力。一番曲折后，二人在观应二年（1351）九月达成和解，十月二日还曾直接对话。然而，最终在翌年，直义在镰仓成为尊氏的阶下囚，同年二月去世（一说是被尊氏毒杀）。直义一党的足利直冬（1327—？）等仍在抵抗，导致幕府势力完全一分为二。其中尊氏的嫡子义诠（1330—1367）投靠南朝，崇光帝（1334—1398）在南朝势力进军京都后遭到废黜（正平一统）。翌年即正平七年（1352），义诠再次与南朝为敌，以致光严院、光明院、崇光院和刚被废黜的皇太子直仁亲王（1335—1398）[25]一同被掳。为了复兴北朝，义诠于是让崇光院之弟后光严帝（1338—1374）按非常规的程序践祚，改元文和。

梦窗去世于观应二年（1351）九月三十日，也就是他在观应扰乱期间试图促成足利兄弟间的和睦、让二人在近江兴福寺见面的大前日。[26]

安国寺、利生塔

梦窗的老师（高峰显日）的老师无学祖元，是圆觉寺的开山。该寺设于弘安五年（1282），以北条时宗（1251—1284）为开基，是为了供养两次蒙古入侵之役的战死者而修建的。其中没有区分敌（蒙古）、我（日本）的亡灵而一并施以安慰。这就是所谓的

"怨亲平等"精神。梦窗曾在圆觉寺师事一山一宁，知道这事也是理所当然的。

康永元年（1342），京都的法观寺重建后，梦窗奉敕命主持八坂塔供养。梦窗在说法中提到，日本国内要新建六十六处浮图，并且始于京都修建的这座宝塔。[27] 所谓六十六处浮图，就是指在六十六国各建一塔（舍利塔）加以供养的利生塔计划。[28]

贞和元年（1345），光严院接受幕府的申请，下达院宣，要求将日本全国为此而建成的宗教设施中的寺称为安国寺，塔则称为利生塔。其中的寺未必都是新建的，既有寺院改名而来者也不少。[29] 塔则多是新造或重建的，其中的"标志性事件"就是八坂塔的复兴。

关于安国寺、利生塔设置计划的范本，"安国寺有古代的国分寺一说，中国北宋末徽宗的天宁禅寺和南宋高宗报恩光孝禅寺一说；利生塔则有印度阿育王八万四千塔一说，以及隋文帝舍利塔一说等，总之尚无定论"。[30] 窃以为这些讲法不是对立的。日本的国分寺本来就以隋的州县官寺、周（则天武后的国号）的大云经寺和唐玄宗的开元寺为范本，而宋徽宗和高宗的政策仿效的也是这些先例。至于隋的舍利塔模仿的则是阿育王塔，所以这些案例之间是相互关联的。可以说，安国寺、利生塔的计划不是基于其中某一特定案例，而是基于贯穿在中国这些旧制中的整体精神，并根据佛法王法相依的观点而提出的。梦窗等人将元弘①以来兵乱的战死者供养于安国寺利生塔时，则遵循了不分敌我的精神。

---

① 后醍醐天皇的年号，始于1331年八月，至1334年正月改元。

较之该计划所依照的范本，更引人注意的是其推行的时期。上文各则先例中，寺塔的建设无一不是为了祈求天下保持太平。但安国寺、利生塔计划则是在王权分裂成南北朝的内战状态下出台的。虽然这在形式上是治天之君光严院用院宣下达的政策，但六十六国中也有不少地域南朝一方势力较强，不能指望命令一出就能得到奉行。[31]事实上，这项制度尚未得到全面实施，就自然消亡了。

那么，安国寺、利生塔的计划与五山制度有什么关系呢？

日本的禅院五山制度在经足利义满（1358—1408）整顿而定型之前，其详情并不清楚。大概是镰仓时代末期开始以建长寺、圆觉寺、寿福寺、净智寺为五山，后醍醐帝时又加上了京都的南禅寺、大德寺、建仁寺、东福寺。光严院在历应四年（1341）下达院宣，授予足利尊氏评定五山资格的权力。尊氏于是加上了当时尚在建造中的天龙寺，而将亲近南朝的大德寺排除在外。从而，南禅寺、建长寺成为五山的第一位，圆觉寺、天龙寺是第二位，寿福寺是第三位，建仁寺是第四位，东福寺是第五位，净智寺则是准五山。

虽然说后醍醐帝时已确立五山制度的雏形，尊氏的重编替换则发生在安国寺、利生塔设置计划的数年前。两项制度当然不是同一回事，不过它们都是通过禅院来实行的国家宗教政策。让人好奇的是，两者对尊氏和梦窗而言究竟有什么用途上的区别。对此，虽然现在还没有确切答案，但是这里可以参考他们奉为模范的宋制本身的沿革。

前文提到，宋人模仿唐制，屡屡在各府州设置名称相同的官寺。最初是太宗（939—997，在位976—997）的太平兴国寺。前揭《宝庆四明志》卷11中，同名寺院列为十方律院的第三条。顺带一提，律院的第二条则是开元寺。其后，徽宗（1082—1135，在位1100—1125）设立了天宁禅寺，其子南宋首任皇帝高宗（1107—1187，在位1127—1162）则在半壁江山内设立了报恩光孝禅寺。就宁波（当时尚称明州）而言，据《宝庆四明志》卷11，唐代创建的国宁寺在徽宗时改称天宁寺，高宗时又改称报恩光孝寺，宝庆三年（1227）时尚以此名见于记载。该寺列入禅院，不同于作为十方律院的开元寺。

高宗设置报恩光孝禅寺后，南宋不再推行这类政策，而代之以五山制度。[32]这项制度规定五山以及地位次一级的十刹，旨在通过相应寺院来统括禅、教、律全体成员，由此赋予佛教组织以近似于自主办理宗教事务的权限，以期实现更为有效的管制。

在日本，安国寺、利生塔计划最终不了了之，五山制度则在创设以后逐渐充实起来。义满时各国选出一寺为诸山（甲刹），置于五山十刹之下，形成全国禅院的统辖体制。虽然五山制度的完成在梦窗入寂之后，但在尊氏、直义的时代，梦窗无疑参与过对五山制度的完善工作。

梦窗晚年的《再住天龙寺资圣禅寺语录》中，不少段落与观应扰乱有关，如"世间兴亡治乱，不扰此封疆，谓之大解脱门，亦号正法眼藏"，或"须知海岳归明主，莫谓干戈致太平"。

其中一条是向光严院的进言，刚好讲到怨亲平等的精神。在提到后醍醐帝时的世事无常，以及自他驾崩以来战乱频仍的局面后，梦窗对光严院这样说道：

恭愿上皇，顿转尘机，不拘妄宰，速翻业识，证得灵知。超越怨亲差别之昏衢，优游迷悟一如之灵域，无忘鹫岭付嘱。

时为观应二年（1351）八月十六日，系中秋节翌日，距梦窗入寂仅有四十余日，可以说是他的遗言。

东山的法观寺八坂塔和嵯峨岚山的天龙寺，分别设于京都的东西两侧，据说这一配置的意图在于让它们守护王城。[33]虽然两者的选址并不是梦窗自主决定的，但不妨认为梦窗的确为两处选址赋予了这层意义，从而为王城设计出新的守护者。在他生涯最后的时光里，由于皇统的分裂和足利兄弟的内讧，短暂的平安又开始受到威胁。百年以后爆发了应仁、文明间的大乱，这座都市也随之化为焦土。

即便如此，京都依旧是王城，天龙寺和西芳寺的庭园在今日仍然作为日本传统文化的象征，保存着往日的面貌。可以说，"庭癖"之人梦窗的构思，并未局限在禅院内部，也包括对王城的设计。

余音：宋濂所作的传记

宋濂（1310—1381）以辅助朱元璋（1328—1398）称帝，成为明的开国功臣而广为人知。他写过题为《日本梦窗正宗普济国师碑铭》的文章。[34]文章开篇介绍道，洪武八年（1375），日本的贡使受绝海中津委托，请求明人为梦窗的"白塔"撰写铭文，太祖于是交代作者负责此事。绝海当时在明朝留学，碰上日本使节来华，于是提出请求。宋濂当然没见过梦窗，这个名字恐怕也是此时才听说的。不过，应邀作文对于有名的士大夫来说是常有的事，而宋濂当时又作为翰林学士草拟皇帝命令，以及代皇帝处理公文，写过大量文章。他根据义堂周信所写的梦窗行状，很快写成三千字以上的长文。

如果宋濂能与绝海直接会面，大概还可以从他那里听到梦窗的各种轶闻。但宋濂似乎没有这样做，只是平淡地叙述了梦窗的生平。引人注意的是，文中将天皇写作"天王"，并使用日本的年号。前者是合乎中华名分秩序的写法，后者却是有违这一秩序的处理。当然，这么做可能只是因为难以确认日本纪年与元朝纪年的对应关系，或者查起来很麻烦。

宋濂以文章大家的身份驰誉当世，死后遗留下的文章仍是士人作文的模板。因此也可推知，应该不少人读过这篇有关梦窗生平的文章。那么，中国的士人也是知道梦窗的。

生前未曾渡海的梦窗，死后则凭借这样的方式名留大陆。

注

〔1〕《槐记》是山科道安（1677—1746）对近卫家熙（1667—1736）言行的记录，所记日期始于享保九年（1724），止于二十年（1735）。

〔2〕泽庵入寂于正保二年十二月十一日，按格里高利历已是次年即1646年的事。为此，用公历表示人物生卒年份的做法在近来日益流行。

不过，笔者认为在表示人物的生卒年份时，将东亚的年号与公历——对应起来的话，人物享年可一目了然，因此姑且将其卒年记作 1645 年。包括前文出现的人物在内，本书在年份转换上均按这一方式处理。

〔3〕下文会提到好几种关于梦窗的传记研究，这里先举五山文学研究第一人玉村竹二氏的《夢窓国師：中世禅林主流の系譜》（平乐寺书店，1958）。如副标题所示，梦窗在当时禅宗界属于主流。

〔4〕"五山文化"一词在本文是指从日本 13 世纪后期起出现的整个宋风禅林文化，参见《東アジア海域に漕ぎだす 4：東アジアのなかの五山文化》。如本文后面所述，五山本来是南宋设置的佛寺管理制度，后来为日本所效仿。在日本只有禅宗寺院有五山。此外，"五山文化"一词，在早期著作如荻须纯道的《夢窓大灯》（弘文堂，1944）中已经出现。过去"五山文学"一词一直专指禅林中流行的汉诗文，以上著作中的"五山文化"则指包括所谓"北山文化"和"东山文化"等在内的整体文化。我们一众研究者衷心希望这一用法能得到推广。

〔5〕岛尾前揭编著将梦窗在镰仓瑞泉寺设计的园林景观，当作五山文化的典型事例来介绍（页 221—228，野村俊一执笔）。枡野俊明的《夢窓疎石：日本庭園を極めた禅僧》（NHK Books，2005）则分析了梦窗的造园技法，最终认为"顺着时代脉络考证下来，可以发现国师在造园上的爱好，也可观察到随时代而变化的禅庭枯山水——靠空间结构、置石以及水的搭配来在庭园中象征山水——这种设计的诞生过程"（页252）。三浦彩子《鎌倉の禅宗庭園》（收入村井章介编《東アジアのなかの建長寺》，勉诚出版，2014），也论及瑞泉寺、天龙寺、西芳寺这些梦窗所设计的庭园。

〔6〕2015 年 1 月大学入学考试"日本史 B"科目中的第一道题目，在大学生智史向高中生爱美教学的虚拟对话中，提到"中世时人际往来也

〔7〕高雄义坚《宋代仏教史の研究》（百华苑，1975），页66—68。大冢纪弘《中世禅律仏教論》（山川出版社，2009），页42—50）。

〔8〕这一制度与五山寺院相配合，似乎也持续到明初，但其后情况不详。日本过去的五山寺院如今门前仍设有夸耀本寺为五山的石刻，但这些石刻已没有显示寺格的功能。

〔9〕收入《大正新修大藏经》卷47。大冢前揭著作介绍了其内容（页42）。

〔10〕谷口耕生等著《大德寺伝来〈五百羅漢図〉：銘文調査報告書》（奈良国立博物馆、东京文化财研究所，2011）调查了图上所载文章。井手诚之辅氏一直在研究该图，在该报告书中有题为《大德寺〈五百羅漢図〉の成立背景》的论文。另外，近藤一成也参与了这项调查，在所著《日本大德寺〈五百羅漢図〉銘文と南宋明州士人社会》（《早稲田大学大学院文学研究科紀要》第4分册，2012）一文中，认为该图的捐赠经过与当时的东钱湖水利事业之间存在关联。下文对该图的论述就基于这些前人研究。

〔11〕窃以为，其实并非"史料不足"，而是后人删削了有关记录。佛教在宋代其实维持着很大势力，而反对他们的儒教（朱子学）一方，为了描绘出"宋是儒教复兴的时代"这样的历史图景，做了各种手脚。特别是元代编纂的《宋史》及明代以后的各种书籍（与儒教史相关的著作和方志等）在叙述宋代佛教状况时是大打折扣的。从而与之相表里的是，如按时间顺序来讲述佛教史的发展，唐代就成了最鼎盛时期。这一历史观现在有必要加以反思，而实际上近年也有学者开始了类似尝试。

〔12〕本是教院五山第四位的延庆寺，在《宝庆四明志》卷11相关条目下也没有记载。

〔13〕"渡日僧的世纪"是村井章介氏《東アジア往還：漢詩と外交》（朝日新闻社，1995）书中用语，形容的是从13世纪后期到14世纪前期很多中国僧侣来日的盛景。

〔14〕和田有希子《鎌倉中期の臨濟禅：円爾と蘭渓のあいだ》（《宗教研究》第77卷第3号，2003）等文章批判过这一见解。末木文美士《日本仏教の可能性》（春秋社，2006。2011年收入新潮文库）则基于稍微不同的语境，探讨了铃木大拙和京都学派所美化的"纯粹禅"这种禅的形态的起源。（文库版，页160）如末木所说，本来是没有"纯粹禅"一词的。过分低估荣西、圆尔的学说，一味宣扬兰溪道隆来日促使临济禅得以革新一事，再加上神化道元"只管打坐"的学说，只会歪曲日本五山文化的意义。笔者期待今后能深化对"禅教律"观念的研究。

〔15〕岛尾新将建长寺的建立比喻成"哈佛大学分校出现在镰仓站前"（《東アジア海域に漕ぎだす4：東アジアのなかの五山文化》，页23）。

〔16〕谷口耕生《木村德応筆〈五百羅漢図〉：失われた大德寺本六幅をめぐって》（前揭铭文调查报告书）。据谷口整理，该图原本藏在建长寺或寿福寺，后来落入小田原北条氏之手。北条氏灭亡后，由丰臣秀吉捐献给大德寺。梦窗自正安元年（1299）至嘉元元年（1303）期间在建长寺，可能见过此图。

〔17〕大冢前揭著作，页48。大冢继而指出"这与上文提到的圆尔《假名法语》，内容完全相同"（页48）。另外，在建长寺的官方主页中，"历史·开山"栏目下声称该寺是"本于纯粹禅宗而建立的大禅院"。我并不想否定这种看法，但认为这最多是一种宗教信条的宣示，很难当作学术上和历史上的结论。荣西和圆尔并不能说是不"纯"的。

〔18〕梦窗疏石《梦中问答集》卷下。大冢纪弘前揭著作将这一记述与荣西门人以及圆尔的三学观作比较，认为"虽然以三学兼学为理想，

但因实践上的困难,所以只能主张已经分立的'禅教律'三者应该共存"(页48)。同卷也有"教门以世人内心已陷入无明的状态,于是暂且就众生与佛已生分别处,来讲述人心、佛性。与此不同,禅门则将众生与佛未生分别处视为'本分田地'"一条。

〔19〕天龙寺原计划以历应资圣禅寺为号,但延历寺认为"不能以历应的年号冠于禅寺",结果以足利直义(声称自己)梦到金龙一事为由,改号天龙资圣禅寺。其实之前也有以年号冠名的禅寺,如建仁寺、建长寺。

〔20〕"Minerva 日本评传选"系列刊有中世和歌史学者深津睦夫氏所著《光厳天皇:をさまらぬ世のための身ぞうれはしき》(Minerva 书房,2014)。松本彻《風雅の帝:光厳》(鸟影社,2010年)则以散文笔触,深入光严院的内心世界,聚焦于敕撰和歌集《风雅集》的编纂来描绘其生平。与后醍醐帝备受政治史研究者的注意相比,光严院的研究侧重于文学史的领域,但其作为持明院统领袖的身份,其实更值得留意。毕竟现皇室也属于持明院一系。

〔21〕天正本《太平记》卷24"天龙寺建立之事"一段中,"梦窗国师"向"左武卫"(足利直义)说"吉野先帝"(后醍醐帝)之"神灵怨愤既深,将降灾于国土为祸",因此建议在"龟山行宫"建设伽蓝,"为之追荐冥福,以安靖天下"(小学馆日本古典文学全集56《太平记三》,1997,页161)。据同书眉注,神田本等古本中提到"某人"向"将军"(足利尊氏)进言,而不见梦窗之名。

〔22〕《夢窓国師》(天龙寺开山梦窗国师六百年大远讳事务局,1950)所收西田直次郎《夢窓国師とその時代》、篠崎胜《夢窓国師》两文。值得注意的是,该书正是在昭和战败后不久,由天龙寺计划编纂的。"国师的考虑不同于那些害怕先帝怨灵的人,他关心的是有助于超度先帝的真实一乘之道,究竟是什么"(页123)。"国师将后醍醐上皇看作因肩

负战争的罪恶和不幸而苦恼的象征,所以确信只有把能救人于苦海迷津的佛法真理,作为永久和平和安国利生精神的核心加以宣扬,才是有助于超度先帝的唯一道路。"(页126)"这正是对永远和平的希求。在六百年后的今日,又作为我们日本国民共同抱持的愿望而重生"(页41)。

〔23〕该地是平安时代檀林寺的旧址,该选址也含有禅在日本的弘扬始于此地的意味。

〔24〕这则院宣由深津前述著作引自《天龙寺重书目录》(页125—126)。

〔25〕直仁是花园院(1297—1348,光严院叔父)和宣光门院(1297—1360)所生的皇子,不过正如20世纪后期公开的光严院遗书所述,他其实是宣光门院与光严院私通所生之子。光严院希望直仁来担任"继体"之君,并由其子孙继统(深津前揭著作,页138—140)。如果没有观应扰乱,以及因正平一统而令他被掳到贺名生一事,日本天皇可能就是直仁的子孙了。

〔26〕《大日本史料》6编之15,南朝正平六年即北朝观应二年九月三十日条中,设"前天龙寺住持疏石圆寂"一项,下列多达一百四十四页(页322—466)的梦窗相关史料。

〔27〕《钦奉圣旨庆赞京城东山八坂宝塔》,载《梦窗国师语录》。

〔28〕下文有关利生塔沿革的论述,主要依据西山美香《武家政権と禅宗:夢窓疎石を中心に》(笠间书院,2004,页12—41)。西山基于辻善之助以来有关利生塔的研究,指出因为"除了天龙寺,法观寺即利生塔也扮演了同样的角色,负责相关事务的则是以降伏怨灵闻名的净藏",因此"可以认为奉安东寺舍利的利生塔,是靠禅宗和真言的合作而成立的制度"(页32)。净藏(891—964)是《北野天神绘卷》中作为降伏怨灵的名师而登场的僧侣。由于曾在延历寺学习,一般认为他是天台僧,西山氏

则认为他是真言僧。

〔29〕比如因安国寺惠琼（1539—1600）而闻名的安艺安国寺，就始建于平安时代。该寺现在以不动院之名成为真言宗的别格本山。

〔30〕西山前揭著作，页13。

〔31〕西山指出，"安国寺利生塔除了宗教上的目的，还有掌握各国守护、维持治安等政治、军事上的目的。可知这与源赖朝（1147—1199）对东大寺、八万四千塔的供养，目的上是相同的"（前揭著作，页57）。足利兄弟（特别是直义）在为其武家政权树立合法性时，一定会强烈意识到源赖朝开创镰仓幕府时的措施成了他们的先例，因此西山的解释是可行的。赖朝也有意把所谓源平对抗中敌我双方的战死者之灵放在一起供养、抚慰。

〔32〕西山认为五山制度始于10世纪的吴越国（《初期室町政権の宗教事業と吴越王》，《軍旗と語り物》第43号，2007）。五山的设想本来源自印度的五精舍，所以吴越时期有这种观念也并非不可思议。但其论据不过是日本僧侣的只言片语，而且吴越时代的制度也没有为南宋所继承，所以此说难以遽信。

〔33〕"梦窗在安国寺、利生塔这项宗教性国家事业中，分别以嵯峨的天龙寺、东山的法观寺八坂塔为其核心，这并非出于偶然，而是在考虑当时宗教空间的整体环境后安排的结果。"（西山前揭著作，页41）

〔34〕《翰苑别集卷第三》，收入《宋濂全集》（全四册，浙江古籍出版社，1999），页1011—1016。

本文初载于《文化交流研究》第28号（东京大学文学部次世代人文学开发中心，2015），尝试从多角度来考察前文介绍过的梦窗疏石。

3

东亚之中的日本

日本古代史之省思：从东亚角度探讨

从飞鸟到奈良

平成二十二年（2010）是自平城京迁都至京都的第一千三百年。此前则是在和铜三年（710），自飞鸟的藤原京（今奈良县橿原市）迁都至平城京（今奈良市周边）。

到迁都时，有势力的豪族已林立于日本列岛各地，其中一支以飞鸟为根据地，这就是后来的"ヤマト政权"。在有力豪族的互相对抗中，它的势力渐渐强大，收服各地豪族，奠定了日本的国家雏形。

在此过程中，这个政权意识到有必要表示自己才是列岛唯一的正当统治者。于是，他们模仿当时的中国和朝鲜半岛上的各国，建设了一座具备住宅区和商市的都城。这就是藤原京。大规模的遗迹发掘工作从1990年代起已有所开展。

由于在距离中心相当远的地方仍能发现藤原京的遗迹，所以它可能是比平城京还大的都城。从前一直认为是藤原京狭小，才迁到平城京的，现在看来似乎并非如此。

那为何要特地搬到平城京呢？线索之一是藤原京和平城京构造的不同。虽然藤原京是按《周礼》这部中国古代行政法典而设计的都城，但在建造藤原京的时候遣唐使节团来到唐的国都长安，发现它与《周礼》的设计图并不相同。为此，日本朝廷选择在今奈良市附近的地方另造新都，于是才有平城迁都之举。

7世纪初，人称厩户王的圣德太子（574—622）很看重佛教，而百年后的圣武天皇（在位724—749）和光明皇后（前者的皇后，701—760）则以佛教为建设国家的柱石。在圣武天皇的发愿下，东大寺得以建立，其中还安置了大佛。而深深皈依佛教的光明皇后，也利用其本家藤原氏的力量组织了大佛开眼供养法会等活动。这与其说夫唱妇随，不如说是二人三足。

天平胜宝四年（752）的大佛开眼供养法会中，还有印度僧侣前来，这就成了一件国际性的大典。该法会意图向国内外宣示日本的王才是佛教最大的庇护者。反过来想，之所以举办这次法会，或许也是因为政治社会已混乱到不得不这样做的地步。在时人看来，"镇护国家"是佛教的最大功能之一。毕竟中国和朝鲜半岛等地都在仰仗佛教治理国家，日本执政者的举措就是从他们那里学到的。

日本的起源，"ヤマト"

过去的教科书中，"ヤマト政权"写作"大和朝廷"。据说当时的人们将奈良县的中央地带称为"やまと"。写成汉字"大和是后来的事，现在一般写成片假名"ヤマト"。

不称为"朝廷"而称为"政权"，是因为"ヤマト政权"时代的日本，还没有"朝廷"一词，而且当时日本还存在和这个政权势均力敌的有力豪族。"朝廷"一词含有"统治该国的唯一政治组织"的语意，所以用较为普遍化的"政权"一词，更符合学术规范。

"天皇"称号的使用则始于天武天皇（在位673—686）和持统天皇（前者的皇后，后即帝位，在位686—697）的时代。"ヤマト政权"过去一直都将王称为"大王"，此后终于改为"天皇"这个称号。

而"日本"这个国号，是在702年的遣唐使使节团到中国时明确宣示的。据《旧唐书》记载，"倭国自恶其名不雅，改为日本"。

至于年号，一般认为因大化改新（645）而广为人知的"大化"是最早的年号，但也有人认为"大宝"（701年是其元年）才最早。毕竟"大化"到"大宝"之间没有年号，让人怀疑"大化"是后人杜撰的。笔者也这么认为。而从"大宝"到现在，年号则持续不绝。因此，应该要到7世纪末到8世纪初，"天皇""日本"等称呼以及年号和律令才一同出现。这四者共同标志着"ヤマト政权"成为一个符合当时东亚国际标准的国家。

过去人们将大化改新视为这个国家建设过程的起点，近来研究则对此表示怀疑，提出了更为可信的解释。其关注点在于，中大兄皇子（626—671），即后来的天智天皇（在位668—671），是否真的是大化革新的中心人物；其支持者中臣镰足（614—669）的事迹，又有多少真实性；等等。

镰足后来被奉为藤原氏之祖。镰足之子藤原不比等（659—720）的女儿是光明皇后，藤原氏从此一直在日本政治史上占据重要位置。于是有人认为，镰足在大化改新中发挥了重要作用，是其后代藤原一族为主张自己的正统性而创作的故事。可能因为难以确定这次政治改革是否真的始于645年，最近不少教科书将"大化改新"定义为此后一系列事件的总称，而将645年的苏我氏灭亡事件称为"乙巳之变"（"乙巳"是645年的干支）。

教科书的改写中让人印象较深的是有关圣德太子的论述。书中不用"圣德太子"，而写作"厩户王（圣德太子）"。因为"圣德太子"是他死后获赠的称号，他本人名叫"厩户"，所以编写者们认为"厩户王"才是更正确的写法。

过去归功于"圣德太子"一人的众多事业，现在也不再系于厩户王名下，而是讲成当时整个"ヤマト政权"的举措，比如遣隋使的派遣、十七条宪法和冠位十二阶的制定。此外，传为圣德太子所著的《三经义疏》（佛教经典的注释书），现在也认为实际上是别人的著作，甚至可能是来自中国的著述。不过，圣德太子凭借在日本弘扬佛教的伟绩，仍然成为万众信仰的对象。总之信仰归信仰，史实归史实，佛教信众能有此觉悟，倒也不错。

古代人的国际感觉

试观厩户王的时代，可知中国刚结束长年的战乱，在581年建立了隋朝（581—618），实现了统一。日本会派出遣隋使，大概是因为想要确认自己应如何参与到新的东亚政治结构中。不到四十年时间，唐朝（618—907）代隋而兴，日本从此又派出遣唐使。

同时在朝鲜半岛，唐的盟友新罗灭了百济和高句丽（668），统一了朝鲜半岛。而支援百济的日本，则在663年白村江之战，为唐、新罗联军所败。

战败后，"ヤマト政权"由于担心唐朝的进攻，于是在九州构筑大规模的防御工事，大力建设国防；同时，积极引入中国的律令制，在7世纪后期加紧步伐推动国家建设。这个政权在意识到朝鲜半岛的形势，以及毗邻半岛的庞大帝国的存在后，为顺利应对这一局面而绞尽脑汁。这样的桥段可能自古至今都不曾改变。天然资源丰富而国土广大、人口众多的中国作为邻国，对日本而言是逃避不了的宿命，所以重要的是接下来应该如何行动。为此，在充分把握时势、不伤及对方面子的同时，怎么做才能维护日本的利益和国土，这个问题恐怕令"ヤマト政权"诸王都费尽心思。

就此而言，我认为足利义满（室町幕府第三代将军，1358—1408）值得高度评价。义满是统一了战乱不断的南北朝，与明展开勘合贸易，带领室町幕府走向全盛的人。他本来因为以臣服明朝皇帝的形式缔结了与明的外交关系，被视为向中国献媚而名声不佳，但近年开始出现了新评价。在新的东亚国际秩序诞生之际，义满以朝贡的手段令日本作为独立国家而得到承认，并通过贸易带来繁荣。考虑到灿烂的室町文化正植根于这样的大环境，可以说义满之举的确是贤明的选择。

如今国家之间仍存在各种各样的紧张关系，重要的是能理解对方国家的想法，并互相认可彼此的立场。立场和想法不同的国家，如何才能承认彼此的差异而共生共存呢？对今后的世界来说，"共生"的思想应该会很重要。

　　日本拥有四方环海的特殊地理条件。为此，日本动辄就被认为容易孤立于四邻。但从昔日的平城京开始，它一直都与外国保持着交流。要考虑日本这个国家今后应如何发展的问题，重点就在于仔细考察它在迄今为止的漫长历史中，是如何与外界保持联系的。

　　本文原是2010年接受某协会访问的记录，收入本书时有改动。日本的地缘政治环境从古到今几乎没有改变过。

日本与中国

公元1世纪从东汉光武帝处得到的"汉委奴国王"金印，3世纪邪马台国女王卑弥呼与魏的外交，5世纪所谓倭五王向中国南朝派遣的使节，以及7世纪初的遣隋使——这些物事年代久远，不少具体情况如今仍旧难以确认。而到遣唐使的时代，可见于两国文献的记录就多了起来。不过，如果比较彼此的记述，就不难发现，日本虽然在国内以对等外交自相标榜，但中国对他们则是按朝贡使团来处理的。

日宋贸易的规模超越遣唐使

虽然随着唐的衰落而停派遣唐使，日中贸易陷入停滞状态，但到12世纪后期，又出现了日宋贸易这种超越遣唐使时代规模的人和物的移动。在从13世纪到14世纪这段被称为"渡日僧的世纪"的时间里，很多中国（宋、元）的佛教僧侣来到日本，弘扬了禅宗的学说和当时的中国文化。蒙古袭来导致的外交关系恶化，只是一时的事。

1368年明朝立国，基于儒教原理主义的国际秩序观，向日本提出了"想贸易就得朝贡"的要求。当时日本是南北朝时代。最初是南朝的怀良亲王、接着是北朝的足利义满，都分别向明朝贡而得到"日本国王"的称号。对此，不宜按后世的批判称之为"国耻行为"，而应视为面对新的国际秩序时，基于政治判断而推行的"开国"举措。虽然此后曾一度中断，但到16世纪中叶为止，室町幕府（后来是中国地方①的大名大内氏）与明之间，一直保持着以朝贡使团形式展开的勘合贸易（政治上称为"遣明使"）。有观点认为，他们发挥了比遣唐使更重大的作用。

丰臣秀吉出兵朝鲜，意味着在当地与朝鲜的友军明军作战。结果，日本给明廷留下了作为侵略者的强烈印象，德川家康提出的交涉最终也无济于事，明廷始终不同意两国之间恢复正式外交关系。但在江户时代，民间贸易仍在继续，特别是中国内战（明清易代）结束后，通过长崎这个幕府指定的窗口，与中国商人之间的贸易变得欣欣向荣。此外，也有通过萨摩藩支配下的琉球国（冲绳）所进行的间接贸易。因此，日本与中国的关系绝没有就此中断。由于舶来品（唐物）和中国风尚不只在统治者，也在一般民众阶层中广泛传播，也许不如说日本借此更深切地感受到了中国的存在。

以佩里来航为契机的开国，同时也促成日中贸易更为繁盛：过了二百年，日本人终于再度可以前往中国。于是，高杉晋作目

---

① 这里是指日本本州岛最西部地区，约等于古代令制国的山阳道与山阴道，包含今天的鸟取县、岛根县、冈山县、广岛县、山口县五县。

睹到上海事实上任由欧美列强支配，为此担忧起日本的未来——在诸如此类的经历后，开始有人将中国视为反面教材、腐败停滞的象征。

1894年的中日战争及其结果，令过去两千年间两国的关系产生了质变。日本人开始对中国抱有优越感，而中国的有志之士则希望以日本为模板，改革本国的政治和文化。鲁迅和周恩来留学日本，梁启超和孙文也亡命于此。中国通过日本而迎来了新生的气息。

日本人会抱有优越感顶多是近一百年来的事

然而，大日本帝国政府开始海外扩张政策后，再也没有主动停下来。日中未经宣战就进入了对战状态。1945年，日本政府接受了蒋介石代表的中华民国政府所加入的《波茨坦公告》。日本并不只是美国的战败国，从这个形式来看，它无疑也是中国的战败国。

其后不久中国爆发国共内战。毛泽东领导的共产党掌握了大陆，而日本政府方面，部分出于美国的授意，继续承认逃到台湾的蒋介石政府为代表中国的政府。1972年，出于田中角荣首相的决断，日本与中华人民共和国恢复了邦交。四十余年后，围绕海上岛屿的归属问题——实际上是周围领海海底预期储藏资源的所有权问题，两国关系变得紧张起来。但两国毕竟在地理上有不可割裂的关系，最好能在国民层面群策群力来实现协调。

两千年来的两国关系中，日本人开始对中国抱有优越感，只是最近一百年来的事。事实上需要改变意识的，可能是我们日本人这方。毕竟，无论是遣唐使还是遣明使，都是虽然在形式上低头，却充分收获了实利的事。

本文原收入"周刊朝日百科05"《周刊新发现！日本史·现代1：立于岔路的大日本帝国》(《週刊新発見！日本の歴史　現代1　岐路に立つ大日本帝国》，2013)，题作《解説：2000年歷史繪卷5》。当时要求在一页篇幅内概述两千年间的日中关系，故总结如此。日本人容易产生的优越感不过是最近一百年来的事。到甲午中日战争开战为止（除了丰臣秀吉这样的暴君），从未有过想与中国发生纠纷的执政者。这么做不是由于"媚中"，而是符合日本的国家利益。

从丰臣政权出兵朝鲜考察日本外交的狭路

殷鉴不远

殷鉴不远这句成语,出自儒教古典《诗经》中《大雅·荡》的末句:"殷鉴不远,在夏后之世。"夏后是指被认为存在于殷代之前的夏朝。禹所开创的夏朝,由于出了暴君桀,而为殷的汤王所取代。而殷的末代君主纣王也很暴虐。这句话就是在警示,不以史为鉴,而重复夏末那样的暴政的话,就会灭亡。诗中说这话的是周文王,而在其子武王时,发生了殷周革命。

历史上的任何事件都是一次性的。但是,人类的行为不管过了多久,其本质也不会发生太大改变。日本当下的外交,更让我对于这一点深有所感。作为以研究中国思想为职业的人,下面想从这一视角出发,反思过去发生的一些事。

征伐还是侵略

文禄元年（1592），丰臣秀吉派十五万大军进攻朝鲜。按当年的干支，韩国将这场战争称为壬辰倭乱。

这场战争从前在日本称为"太阁殿下的朝鲜征伐"。现在的历史学者则倾向于认为这是日本发动的侵略，因此不少人将之称为"朝鲜侵略"。高中的日本史课堂用的也是这一表述。为此感到不快的人，则批评这是"自虐史观"。

同一战争是称为"征伐"还是"侵略"的差异，与对其评价（即价值判断）的差异相应。如何称呼历史事件，是历史观上的重要问题。历史不是单纯为了弄清事实的工作，也是评价特定事实在人类社会发展过程中所处位置的学术。就战争而言，为了惩恶扬善的进攻是"征伐"，而利己的加害行为则称为"侵略"。

秀吉的行为是有先例的——确切来说，是人们认为有先例。这是指神功皇后的三韩征伐（亦称新罗征伐）。《古事记》和《日本书纪》的记载如下所示（两书细节虽有不同，下述经过则是相同的）。

第十四代君主仲哀天皇为了"征伐"九州南部的政治势力，驾临今日的福冈。这时，一位神灵附身皇后，降下攻取大海对面宝地的神谕。然而，天皇说"没听说过有这种国家"，怀疑神谕的真实性，随后突然驾崩于该地。其遗孀皇后以妊娠之身乘坐兵船渡海，降服了新罗王。得知此事后，百济和高句丽王大惧，向日本遣使，发誓今后常年称臣纳贡。皇后归国后诞下皇子，但仍摄政七十年（据《日本书纪》），使日本臻于大治。这位皇后就是神功皇后，而皇子则是应神天皇。在大日本帝国政府采用江户时代《大日本史》之说将神功皇后排除出天皇序列之前，人们一直以神功皇后为"第十五代天皇"。

今日的实证史学认为，这次"征伐"是《记》《纪》编纂者以当时的国际形势为背景而创造的"故事"，融入了编纂者们自身的愿望。然而，和同时代的日本人一样，秀吉认为这是不可动摇的史实。基于"朝鲜已在神功皇后时，承诺永远服属日本"这一历史认识，他以"征伐"为名，将其出兵的行动正当化了。

严格来说，秀吉并未以朝鲜为对手。他想征服的是中国（当时是明朝）。他为此要求朝鲜让其军队通过，却遭到拒绝，于是以对方无礼为由而点起战火。

朝鲜当然会拒绝。该国当时是明的朝贡国。朝鲜国王（李氏）虽然是世袭，但制度上是要在得到明朝皇帝任命后，才有资格担任"朝鲜国王"（皇帝与国王的这一关系，称为册封）。所以，朝鲜完全不可能接受秀吉的要求。而要说提出要求时日本负责外交的人对此毫无了解，也是无稽之谈。如下文所述，明日两国之前是有外交关系的，因此应该知道明鲜之间的册封关系。尽管如此，他们也无法遏制独裁者秀吉的意愿，只能在国际上提出无知之甚的要求，结果就只有走向战争。

明为了保护与自己存在册封关系的朝鲜，派出援军与朝鲜军合力同日军作战。秀吉的"朝鲜征伐"也是与明之间的战争，日本当时称为"入唐"。

小田原与朝鲜一样

丰臣秀吉为何想进攻明朝呢?

从教科书到小说,都说"丰臣秀吉完成了天下的统一"。天正十八年(1590),秀吉借"小田原征伐"消灭北条氏,并在军中接受伊达政宗等东北大名的参见,由此日本全国的大名都已臣服于秀吉。于是漫长的"战国乱世"就应该收场了,和平也应该可以恢复了。

但事与愿违。在进攻小田原之前,丰臣政权已开始准备"入唐"。统一天下、结束国内战争后仅两年就对外出兵一事,不禁让人心想:"难得和平,何故为此?"然而,这一看法的前提本身就是奇怪的,因为"统一天下"和"入唐"之间存在连续性。与北条氏的战争,与朝鲜的战争,都是"征伐"。

据说,秀吉和此前的战国大名的不同点是,他充分运用了天皇的权威。虽然不能说战国时代没有类似的例子,但丰臣政权的特征在于,秀吉以关白之位代行天皇职务,利用这一权力发布了称为"总无事令"的私斗禁令,并以此为由向各地大名施威。其逻辑是,军事行动应由作为天皇代理人的自己全权掌握。当然,秀吉也拥有让禁令不至于沦为空谈的暴力装置。

我们现在会认为,"日本本来就是一个国家,为了终止内战,理应将军事权集中于一处"。但是,这个常识对于平安后期以来,在各自地盘上"一所悬命"①(原意是指"拼上性命守护自己的土地")地生存的领主来说,并不是熟悉的观念。律令体制崩坏以

---

① 现代日语中表示非常努力。

后，中央政府掌控下的军事一元化体制一直没有得到确立。丰臣政权正试图推行全新的、脱离当时常识的举措。

小田原北条氏顽强地拒绝了秀吉要其服从的要求。他们不能理解秀吉的崭新想法，做出了误判。就他们的常识而言，秀吉没有理由特地从京都、大阪率大军攻向关东这个偏僻地区。正是因此，小田原之役大概也有杀鸡儆猴的目的。东北的大名会到军中参见秀吉，正是由于确认了后者是认真的。他们的常识于是被颠覆了。

我们认为"小田原征伐"是统一日本国内的事业而赋予正面评价，而将"朝鲜征伐"视为对外侵略战争而做出负面评价（也有人对后者投以正面评价，这又是一回事，不妨看作一家之言）。然而，我出身关东，所以就我的历史认识而言，前者也是侵略战争。自12世纪末源赖朝镰仓开府以来——不，再上溯的话是10世纪的平将门①起兵以来，关东地方都是独立于京都朝廷的地方。足利将军家虽然是关东出身，但将根据地设于京都，在那里开设幕府，而在关东建立分家，委以统治东国之任（即镰仓公方）。战国大名北条氏本来是伊势氏，后来改称北条，就是因为从前镰仓幕府执权北条氏之名在关东颇有威望。与靠藤原氏养子的身份才做到关白的男人——秀吉以"藤原秀吉"之名就任关白，后来由天皇授予丰臣这个新姓氏——相比，北条氏大概觉得自家旗鼓相当，甚至更为高级。不必引用网野善彦先生的著名论述（《東と西の語る日本の歴史》，讲谈社学术文库，1998，内文初刊于1982

---

① 平安中期武将，曾在关东置文武百官，欲推翻京都的天皇，940年战死。

年等）也可知道，日本列岛的东部与西部本来就很不一样。当然，还有必要按地域进行细分，但这与本文主旨无关，兹不赘述。

就这样，秀吉实现了前无古人的成就。不，还不算完全实现。小田原之役不过是让列岛内部实现统一，而丰臣政权的视线此时已投向海外。毕竟，正如托于神功皇后的神谕所示，海的彼岸的确存在宝地。

因此，他们离开小岛向大陆出发的举动，可以说是理所当然的。

夜郎自大

开篇提过"殷鉴不远"，这里再介绍一个中国古代的故事。

在汉朝的全盛时期，今日贵州、云南、广西三省交界有个叫夜郎的独立国家。汉廷遣使要求其臣服朝贡。夜郎王对自己国家很有自信，问汉使："汉孰与我大？"这就是"夜郎自大"一语的由来。不过，据史源《史记·西南夷列传》记载，提问者其实是邻近夜郎的滇国国王。

无论是谁，汉朝一方之所以将此事形诸文字、传承下来，其背后含有"拿自己狭小的国土与堂堂中华相比，真是不知世事的愚蠢国王"这样一种揶揄、愚弄的意图。中国历代王朝秉持中华意识，常以俯视的目光看待周边诸国。

的确，夜郎的国力远远不足以与汉相匹敌，其土地后来也成为汉的直辖地，现在仍是中华人民共和国不可分割的领土。

而没有夜郎那么愚蠢的其他国家，听到汉朝的表态，便选择以恭顺的态度服事这个大国（事大），于是得到后者的册封。对小国的王而言，强调"自己的王位是得到中华皇帝陛下认可的"，也有助于在本国内树立权威。而向大国进输贡物的行为，则称为朝贡。

与"夜郎自大"同时，朝鲜半岛北部的朝鲜国也遭到汉的"征伐"，变成乐浪郡等直辖地。半岛南部和东北部，则分别成立了百济、新罗、高句丽三政权，各自向中华王朝朝贡。最终，高句丽因与隋、唐的战争而灭亡，新罗借用唐的力量消灭百济，统一了半岛，但仍与唐保持朝贡册封关系。之后虽然一度中止，但高丽、朝鲜两朝都是以中华帝国朝贡国的名义统治朝鲜半岛的。在朝鲜半岛，"事大"就是国是。这虽然出于地缘政治上难以自主独立的现实，但也有出于为中华文明压倒性的魅力所吸引的一面。过去的人名系统基于半岛本地风俗，而到统一新罗时代，人们在并未受到中国强制要求的情况下，按照汉族的起名方式，改成像金或朴这样的单姓，再取一两个汉字为名字，这一做法沿袭至今。

环海立国的日本，在以倭为名时也是中华王朝的朝贡国之一。然而，7世纪的遣隋使试图不再采取朝贡的形式来缔结外交关系，到之后的遣唐使时代，日本国内也并未将之视为贡使（不过在唐的首都实际上是按贡使来处理的）。日本没有接受元朝让其朝贡的要求，以致招来"元寇"（历史学上对该事件的规范名称是"蒙古袭来"）之忧。不过，通过击退蒙古帝国的东征军（对日本而言是侵略军），日本幸而没有沦为另一个夜郎。

1368年，明取代元，建立了中华王朝。明朝基于儒教（朱子学）的原教旨主义，确立了外交政策的基本方针，对于不归明朝直辖的地域，决定与其统治者缔结朝贡册封关系。所以与宋元不同的是，明的贸易对象限于其朝贡国。于是在15世纪初，"北山殿"即日本实际上的最高统治者足利义满，恢复了两国之间自遣唐使以来中断的关系，向明朝贡，获封"日本国王"。这是自5世纪倭五王以来，日本国内首次公布中国皇帝册封的举动。准确说，关于倭五王在国内公布自己获得册封一事，并没有相关史料，而3世纪卑弥呼的事也暧昧不明，因此义满在国内公布的举动放在日本史上可能也是首例。此后，日明之间这个关系维持了一百五十年。遣明使的次数堪比遣唐使，多达十八次。虽然很多人批判足利义满的对中朝贡外交，我却认为其外交政策值得高度评价。详见拙著《足利义满：被抹杀的日本国王》（《足利義満：消された日本国王》，光文社新书，2008）。

在朝鲜出兵问题上固执己见

随着室町幕府的衰退，以山口为根据地的守护大名大内氏取代足利将军家派出遣明使。而在毛利元就消灭大内氏后，日明间的外交关系就此终止。当时倭寇（所谓的后期倭寇）极为猖獗，丰臣秀吉则在天正十六年（1588）颁布海贼取缔令以禁止倭寇，濑户内地区和九州的各大名都臣服于他，于是日本的外交权统一于丰臣政权。文禄之役就是在此背景下发生的。

秀吉从前线大本营名护屋（今唐津市）寄给外甥关白秀次[①]的书简中，提到一个著名的设想。根据其说法，秀吉似乎打算在

[①] 这时秀吉已将关白之位让与秀次。

征服朝鲜后攻入明朝，吞并全境，然后以北京为据点，设立占领区政府，他自己则移居浙江宁波，雄视整个东亚。这一设想有多少可以当真，它究竟是秀吉自己的考虑，还是其政权中全体成员的意向，目前难以遽定。不过，说这是自我高估的妄想、是夜郎自大的表现，大概不错。不禁令人想起，昭和时代大日本帝国的军部中，也流行过日本在和美国二分世界后展开最终一战的想法。

事实上，据说在丰臣政权出兵朝鲜之际，其内部也存在慎重派。有人认为，千利休的切腹事件，原因之一就在于他曾批判兴师。德川家康也似乎慎于出兵，对秀吉阳奉阴违。

取代秀吉的文化、政治顾问（利休），以及臣服于他而助其统一天下的所谓创业期的重要人物（家康）而抬头的，是一群年轻人。其中的代表是石田三成和小西行长。他们虽然名义上是大名（武将），但比起在前线作战，他们更接近于作为能吏而负责政务的秘书。其中不少人自幼就由秀吉养大，因此与利休是界会合众①、家康是三河的战国大名不同，他们唯独裁者秀吉的马首是瞻。三成和行长由于负责统筹战争，渡海到了朝鲜。

同时，实际上与明鲜联军作战的，是奉秀吉之命、率领自己的家臣团渡海的各大名。加藤清正的表现相当有名，黑田长政（黑田如水即官兵卫孝高之子）在作战中也勇猛果敢，进军到半岛北部。孝高则和三成一同作为奉行来到朝鲜，但他本人是批判出兵的，秀吉因其后来自行归国而不再让他出仕。

---

① 在室町时代指导都市政治的豪商。

讲和破裂：秀吉为何发怒

最初的闪击战停了下来，战况的发展不如理想。小西行长在日本尚处优势的局面下，开始筹备讲和。与明方代表达成协议后，明的使节团在庆长元年（1596）来到大阪城。然而，行长他们为促成讲和，没有将具体的条件准确传与秀吉，以致会面时秀吉认为受骗而大怒，和议决裂，于是再度出兵（即庆长之役或者说丁酉倭乱）。

秀吉要求的是将半岛南部割让与日本，以及明向日本表示降服（将明的公主嫁入天皇家等）。然而，明使带来的和约，其内容则是明朝皇帝任命秀吉为日本国王，并许可其进行正式的贸易。秀吉为自己被降格对待而愤怒不已。

但江户时代后期形成了一种解释，认为秀吉之所以拒绝讲和，是因为"自己是天皇之臣，没有被异国君主封为日本国王的道理"。这一解释之后在明治时代被国家认定为正确的历史认识，直到昭和战败。当时接受教育的群体中，仍然有人至今墨守这种认识，认为对中外交就该如此。

不过，这并非史实。

如前所述，自足利义满以来，日本就对明实行朝贡外交。以应仁之乱等事为契机，幕府力量衰落，大内氏代之而起，开始负责日明、日朝之间的经济、文化交流。但这在名义上仍是日本国王向明朝贡、和朝鲜国王结成友谊的外交仪礼。大内氏内心如何考量这一关系，不得而知；但是，这种场合中的日本国王，仍是足利将军家。因此，可能一开始是丰臣秀吉个人为让明降服而开战的，但在交涉现场推动讲和的人，则想通过复活室町幕府、以及其后大内氏的外交政策所确立的关系，来结束战争。秀吉拒绝讲和，不过是出于对无果而终的厌恶。

说来奉秀吉之命而出兵的大名，其实也期待凭借在当地的战果，获得恩赏。他们并不是近代意义上的政府军，而只是联合起来的私兵。当时还有战国时代的遗风——更准确地说，是镰仓武士以来"武人"的传统：为主公作战（奉公），其目的就是获赐相应的土地（御恩）。

元寇即蒙古袭来，对日本来说则是一场防卫战争。但面对此事，镰仓幕府召集到前线与蒙古军对峙的御家人同样并未抱有多少"守护日本国"的崇高意识，而是想从"镰仓殿"（事实上是当时的执权北条时宗）处得到土地，作为战斗的回报。

三百年后事情也没有变化。因此，对于赴朝鲜作战的大名而言，重要的不是"日本国君主天皇及其代理人秀吉受到侮辱"，而是没在朝鲜抢到土地的话就与恩赏无缘，这样一个极端现实的利益问题。出兵后空手而回，是很麻烦的。他们自己是这样，而他们的家臣同样不能接受。家臣们从军是为了恩赏，而非"为天皇陛下""为国"作战的荣耀。在明治到昭和二十年（1945）间的日本，从军被宣称为帝国臣民的荣耀，但情非得已而出征的士兵，大概不计其数。要说武运不佳、散华于战场而被合祀于东京九段的那座大神社，是这些"英灵"由衷所愿的话，我决不认同。

现代的事姑且不论，对于在朝鲜前线作战的大名来说，要把讲和时日军已占领的地域还给朝鲜，是岂有此理的事。而且，因为行长他们是秘密和明交涉的，这也使得对他和三成的不信任感在前线大名间蔓延（不过战时的讲和交涉本来也不是在相关人士间公开讨论后才达成决议的事）。

行长没有正确地将讲和条件传给秀吉，于是失势，但没有受到改易或处死的严厉处罚。结果，三成作为奉行，其分量变得更为重要，但他仍然对秀吉唯命是从。战事再起后，情势日益不利于日军，但他没能提出突破困境的计策。战况上，制海权已为朝鲜水军所夺，于是不再能自由地为当地部队提供补给。而在前线作战的加藤清正和黑田长政眼中，补给是奉行的任务，三成却做得一塌糊涂，因此认为三成有心为难自己。其实可能是三成由于对秀吉唯命是从，在后者面前难以提出重新讲和的建议，所以他对前线部队见死不救，或许是一种"未必故意"。毕竟，前线的败北是前线指挥官的责任，不至于责怪到他。这种明哲保身、逃避责任的"事不关己主义"，在长于实务的能吏中颇为常见。

日本的国家利益就这样受损了。大权在手的独裁者秀吉麾下，既有对这场战争持怀疑态度、但隐忍不发（当是为了避免利休那样的下场）的德川家康和黑田孝高，也有眼中只知获取个人战功、自私自利的加藤清正和黑田长政，还有作为能吏而唯命是从到极致的石田三成，三方都不是能提出外交政策、打破现状的人。终结这场"不幸的战争"的"圣断"迟迟未能下达，直至有权下决定的人死掉为止。

庆长三年（1598），秀吉刚死，丰臣政权就向在朝日军下令撤兵。其中发挥了主导作用的，据说是德川家康。当地指挥官归国后，则把战场上尝到的辛酸，都归怨于奉行石田三成。因此，不少受过秀吉恩惠的大名，在关原合战中却加入家康的阵营。有人认为，这正是向三成的复仇，因为三成对秀吉唯唯诺诺，却不把武斗派的大名们放在眼里。反过来说，三成即使举起"守护丰臣家天下"的旗号，也无法拉拢他们。

五山僧西笑

出兵朝鲜时，黑田孝高在京都的府邸成了禅僧西笑承兑经常留宿的地方。西笑住在丰臣政权所在的伏见。他是五山僧，在丰臣政权发挥了类似于秘书的作用。

虽然很遗憾的是，多数小说和戏剧没有安排五山僧登场，但从室町到织丰时代政治的发展过程中，他们是不可或缺的存在。各地的战国大名都将与五山有些关系的学僧尊为幕僚，让他们发挥治理领地的干才。其中著名的有今川义元麾下的太原雪斋，以及毛利家的外交僧安国寺惠琼（关原合战后，与石田三成、小西行长一同被斩首）。

说起来，军师原本指的就是这群僧人。"军师"一语的普及是在江户时代，战国时代的称法则是"军配者"①。他们灵活运用地理、气象等方面的丰富学识，在战场上负责出谋划策。至于竹中半兵卫和黑田官兵卫（孝高）的军师形象，不过是江户时代以来的产物。历史上实际担任军师的其实是五山僧。

西笑也是五山系的学僧。此时遣明使的时代业已告终，他们这代人都没有渡明的经验。然而不难想象，凭借在五山学到的汉

---

① 意指部署军队的人。

籍知识，以及前辈传下来的国际关系上的大局观，他们在丰臣政权内，应该属于出兵朝鲜问题上的慎重派。

至于黑田孝高是如何与西笑熟识起来的，恕笔者孤陋寡闻，实在不太清楚。不过，可以推测，他们既然是丰臣政权中枢内的同僚，应该有很多因职务而接触的机会。西笑与家康也有密切的关系。他在秀吉殁后，开始为掌握实权的家康担任秘书。关原合战前夕，成为讨伐会津①的导火线的所谓"直江状"，就是由上杉景胜的重臣直江兼续寄给西笑的。拙著《江与战国与大河剧》（《江と戦国と大河》）等书也提到这事。不过，在小说和戏剧中，频频出现家康直接开封读信而暴怒不已的场面。这是违背事实的。直江状的确是在谴责家康，但收信人是家康政权中的秘书西笑。西笑按家康旨意，向兼续寄出诘问上杉家的书状，直江状则是兼续对于该书状的反驳。西笑和兼续分别是家康和景胜的秘书官，双方展开了辞锋犀利的外交。

其后，西笑参与了可谓家康文化政策之一的伏见版（活字印刷）的刊行，而在政治上的表现不太突出。在这方面取而代之的，当数以心崇传（南禅寺金地院的僧人）和天海（天台僧而非五山僧），以及之后的道春，即林罗山。罗山虽是儒者，但采用道春的法号，并且剃发，以僧侣的身份出仕，从而沿袭了五山僧出任政治顾问的传统。罗山本人年轻时也曾在五山之一的建仁寺学习。如何为丰臣政权与明和朝鲜的战争善后，是德川政权（江户幕府）

---

① 1598 年封地在会津的上杉景胜拒绝上洛，并公开声讨家康，因此后者出兵讨伐景胜。石田三成于是认为有机可乘，联合大名出兵攻打家康，从而引发了关原合战。

成立伊始的一大课题。罗山接手相关事务，为东亚重归安定做出了贡献。

通才五山僧

为什么室町时代是由僧侣担任外交官的呢？

五山本来是13世纪中国南宋所设的制度。该制度将寺院分为教（教学）、律（寺院的戒律）、禅三个系统，从中各选核心寺院五所来统括其他诸寺，以期在教门内确立秩序。不过，由于现存史料有限，教院和律院的情况并不清楚。关于禅院，由于日本保留了大量相关史料，其运作状况相对明晰。中国的禅院五山，在当时南宋朝廷所在的杭州选了三所，在与日本开展贸易的港口，即前文提过的宁波选了两所。日本佛教心目中的圣地天台山，则未包括在内。不过，宁波毕竟是日本僧侣登陆的地方，宁波的阿育王寺和天童寺在被指定为五山之前，就一直与日本僧人有些关联。它们被确立为禅院五山，成为此后不久到访当地的荣西和道元将禅带到日本一事的背景。

大概在镰仓时代末期（具体年份不详），建长寺和圆觉寺也开始称为五山。这些寺院由南宋渡日的僧侣开山，因此估计五山的制度化正出于他们的提案。其后，后醍醐帝的建武朝廷和室町幕府创业时的支柱足利直义（尊氏之弟）又在五山中增置了京都的禅院，足利义满时则以京都五山（实际上是六寺）和镰仓五山并立的形态让该制度最终定型。京都五山按顺序来讲是南禅寺、天龙寺、相国寺、建仁寺、东福寺、万寿寺，镰仓五山则是建长寺、圆觉寺、寿福寺、净智寺、净妙寺。它们全都是幸存至今的名刹。

室町幕府将五山僧侣作为政治和学术顾问而加以重用。他们通晓中国文化，擅长汉诗文，因此在对明和朝鲜的外交中发挥了主导作用。他们所引领的室町时代汉文学，则通称五山文学。除了文学方面，五山在书画、饮食、建筑等广义上的各种文化中，也担当指导者的角色。而将五山文化视为室町时代北山文化、东山文化的总称，则是近来研究中的一种趋势（参见《東アジア海域に漕ぎだす4：東アジアのなかの五山文化》）。

五山文化大概还不是人们所熟悉的词语。而五山文学却是一个脍炙人口的历史用语，连在大学入学考试中，也可能会考到。我高中时的教科书，即山川出版社1980年版《详说日本史》的正文中尚未出现五山文学一词，仅在脚注提到"这些五山禅僧所创作、欣赏的汉诗文，称为五山文学。其全盛期是从南北朝时代到室町初期，活跃的作家有中岩圆月、义堂周信等人"。而现行最新版《详说日本史B》（2013年版）的正文则提到，"他们（笔者按：即五山僧侣）中宋学研究和汉诗文创作的氛围浓厚，而义满时出现了绝海中津、义堂周信等作家，迎来了（五山文学）的全盛时期"（页141）。不知为何这里所介绍的作家从中岩变成中津，可能是因为要接续"义满时"这个修饰语。毕竟中岩比中津和义堂早了一代，是在南北朝时代前期活动的僧侣。

前文提到，明代原则上只容许朝贡形式的贸易，因此渡海的僧侣也依赖于遣明船，他们在中国国内的行动还要受到管制，不能像之前的中岩和中津那样，自由参访各地寺院，因此所见所闻相当有限。随着日本国内政治形势的变化（幕府的衰退，以及外交权事实上由大内氏垄断），五山僧失去了提出、改变外交政策的相关机会。丰臣政权成立时，距离策彦周良以正使（大使）身份渡明的最后一次遣明行动，已有四十年之久。

说来，僧侣（不限于五山僧）自镰仓幕府创立以来，就在负责武家政权的文书行政工作。大多数武士都没有使用汉文的能力。五山僧与中世纪欧洲拥有书写拉丁文能力的基督教圣职者的角色相当。

僧侣们尤其活跃于外交这个领域，毕竟与明和朝鲜往来的文书都需用正式的汉文写成。顺带一提，虽然是很粗浅的事实，但为免误解，还是想指出：通称谚文的朝鲜本土文字，发明于15世纪，所以秀吉的时候业已存在。但谚文不过是作为汉字的辅助品而在使用，正规的公文书其实都用汉文写成。日本的公文同样如此（不过这种公文日语腔很明显，就文法而言可谓日式汉文）。汉文无论是在朝鲜还是日本，都不是我们印象中的外语。

汉文中蕴藏的是中国文明自古以来的传统，不是写出来文法正确就足够了。在国际性的外交场合更是如此。文体要求典雅（四六骈文），要运用大量典故，要与不同具体场面（如考虑书简收寄双方的身份等）相应，并且符合外交上的礼仪、惯例，等等。公家虽然有运用汉文的能力，但他们自平安时代以来，就死守日本一国主义而对世界形势漠不关心。在室町时代的日本熟知外国事务的人，其实是五山僧。

五山僧不是外交专家。确切来说，他们是拥有丰富学识和文才、通晓东亚世界国际文化的通才。

能吏误国

与五山僧相比，石田三成和小西行长则是专才。他们的确是能干的官僚，对于丰臣政权的运作而言是不可或缺的人才。发现并任用他们的秀吉本人，当年在织田信长麾下被指派过同样的任务。但无论如何，他们并不具备五山僧那种从入门修行开始就逐渐培养起来的人文素养。而且，他们在主公（对秀吉而言是信长，对三成、行长而言是秀吉）面前，向来唯唯诺诺，长于保身之术。正因如此，他们才能一直作为政权首脑，独领风骚。

然而，像在处理出兵朝鲜问题的外交场合，他们的长处则适得其反。只讲行政能力的话，在东亚的文化世界只会被视作野蛮人（东夷）。五山僧所具备的文化素养，不是一时三刻能培养出来的。堪称多面手的秀吉，其亲笔写下的书状是混用了很多假名的和文，从未用过汉文。我倒不是想说用汉文写作才比较高级，但是，如果缺乏运用汉文的能力，以及汉文所代表的人文素养，就会受到中朝两国通才文化人（士大夫）的轻视。

当然，我也不是想说，中国、朝鲜因此就更优秀，或者只要有通才就万事无忧。这两个国家也有各自的问题，以致在20世纪受到日本欺凌。不过，人间万事都如塞翁之马，日本虽然培养出优秀的官僚和军人，在西洋化、近代化的路线上取得成功，实现了秀吉以来向大陆拓展的梦想，但也正因此而走向败亡之道。毕竟，专家只能看清自己所熟悉的范围、领域。

在昭和初期的日本，军部势力日益膨胀。其中的领袖，不是像清正、长政那样勇猛果敢的武人，而是身在后方、如参谋畑俊六之流足智多谋的将校,即三成那种长于实务的能吏。他们在军队这个组织中大显身手。这群人反对裁军政策,扩大军部的特权,建设出世上屈指可数的强大军队,并调动工程技术的专家,开发出世界最高水平的军舰和战斗机。大日本帝国的陆海军——因仕奉天皇陛下而被称为"皇军",先后打赢了清、俄、德等国,并在与中国胜负未决之时向美英挑起战端。不得不说,这就是专家主导下的国家的悲剧。

外务省则没有决定外交政策的权限,只有一班叫作外交官的专家聚集于此。他们精通自己的本职工作,却无力阻止日本在脱离世界形势和国际惯例的道路上越走越远。可能因为凭借自己的经济、军事力量,获得了政治大国的地位,日本开始自我感觉良好。1930年代,日本这个国家的举动,大概在国外看来是很离奇的。幸好(?)还有纳粹德国和意大利法西斯两个同类做陪衬,没有显得特别出位。

"大日本帝国",就如这个自称一样,完美演绎了什么是夜郎自大。

战后,前外务官僚吉田茂所领导的新生日本国,凭借臣服于美国的"朝贡外交",换取了经济利益。战后的政体是为了从灾难中重新振作而被迫做出的选择,但就此前提而言,它的确是行之有效的体制。如今,中国在力争与美国并驾齐驱的势头下,日益发展为大国,东亚国际秩序的格局正在不断变化。日本则把亚洲第一经济大国的位置让给了中国。从历史的角度准确来说,这个地位也应该还给中国。

这不是个人好恶可以解决的问题。即使在理念上主张"我们是正确的"——这个理念也只是"我们"的理念,"他们"自然会提出他者视角的理念——在自己家中抱团,靠说邻居坏话来出气,也无济于事。不喜欢的话——或者说正因为不喜欢——那就去思考该如何与这些邻居打交道,这才是外交的本质。

殷鉴不远。为了不重演丰臣政权和昭和初期的愚行,现在正应向历史学习。

参考文献

小岛毅:《足利義満:消された日本国王》,光文社新书,2008。

小岛毅:《江と戦国と大河:日本史を"外"から問い直す》,光文社新书,2011。

岛尾新编,小岛毅监修:《東アジア海域に漕ぎだす4:東アジアの中の五山文化》,东京大学出版会,2014。

《詳説日本史》,山川出版社,1980版。

《詳説日本史B》,山川出版社,2013版。

藤堂明保、竹田晃、影山辉国译:《倭国伝:中国正史に描かれた日本》,讲谈社学术文库,2010。

村井章介:《世界史のなかの戦国日本》,筑摩学艺文库,2012。

村井章介:《増補 中世日本の内と外》,筑摩学艺文库,2013。

赖山阳:《日本外史(下)》,岩波文库,1981。

本文初载于 NHK Books 补编《現在知》第二册《什么是日本》(《日本とは何か》,NHK 出版,2014)。文中常提到黑田孝高,是因为当年的 NHK 大河剧是《军师官兵卫》。似乎不少政治家认为历史、思想、文学之类的人文学科对于国立大学而言毫无价值,在我看来,这种人才是"国贼"。

所谓东北亚交流圈:从王权论的角度探讨

倭国遣使的背景

《后汉书》卷1下光武帝中元二年(57)正月条,有这样的记述:

> 东夷倭奴国,遣使奉献。[1]

在日本学校学习的人,大概会记得,这条史料是作为显示日本在古代与大陆有过交流的证据,而拿到历史课上来讲授的。《后汉书》卷85《东夷列传》中设有倭国一条,也提到"建武中元二年,倭奴国奉贡朝贺"。该书在前揭引文后,提到倭奴国使节团长自称"大夫",来自倭国的"极南界"。于是光武帝向使节团授予印绶。该印绶在江户中期的天明四年(1784),在博多湾的志贺岛被人发现,如今已指定为国宝。这就是著名的"汉委奴国王"之印。

这则记录是中国正史中日本使节来到中国国都的最早记述，历来为日本学者所重视。据《汉书·地理志》，之前在西汉时，"倭人"曾派使者到乐浪郡，与中国交流。但乐浪郡是汉朝在朝鲜半岛上、今日平壤附近设置的统治据点，所以当时还只是汉朝的地方行政组织和日本列岛的人有过交流。倭人尚未直接来到国都长安谒见皇帝。而且，《汉书·地理志》出于东汉人班固之手。他有条件知道光武帝时倭奴国王使节曾经来访。换句话说，《汉书》这条记载是根据西汉朝廷所拥有的倭人相关记录，还是由于光武帝时来访的倭国使节讲过"我们倭人从前也有到过乐浪郡"而写成的，现在不得而知。从而，公元57年的这件事宣告了此后近两千年日中政府间交流的正式开始，值得大书特书。[2]

然而东汉朝廷是在怎样的情况下留下这条记载的，对此似乎鲜有学者留意。至少，那些将日本列岛周围的海域视作学术上的界限，致力于梳理日本历史发展的内在理路的人，虽然对这条记载的存在颇为重视，却总是忽略它在史料中的语境。

其实，《光武帝纪》是在下述记载后紧接着提到这条史料的：

二年春正月辛未，初立北郊，祀后土。[3]

北郊是指都城（东汉时在今洛阳附近）北面城墙以外的地方，本条说的也是这片区域。通常用该词表示在这片区域内根据要求选址而建成的祭祀场所。这里是与南郊相对、用来祭祀地神的地方。后土则是最高级的地祇的名称。也就是说，此时光武帝首创后土祭祀的实践，为纪念此事而付诸史官，并在四百年后编成的

《后汉书》中留下记录。

虽然倭国使节来访一事没有标记日期,但因为记于建设北郊以后,而且下一条记载(见下文)中明确提到中元二年二月,所以可知此事发生在二年正月。[4]

北郊祭祀后土和倭国使节来访,从今人观感来看,其间不存在直接关系。或许正是因此,迄今为止没有学者强调两者的关联。然而,当考虑到当时的思想背景,即皇帝在时人心目中是怎样的存在这个问题时,就不能断言两事出现在同月只是偶然了。

本文拟略陈拙见。皇帝祭祀一事对读者而言,并非印象鲜明的事,可能会让人觉得其内容太过专门,难以理解。但其实是因为我们的感觉,与当时王权的支持者们的感觉存在隔阂。在时人看来,北郊祭祀和倭国使节来访,两者性质相同,都为光武帝的王权献上了祝福,是值得称道的事。东北亚国际政治秩序自此开始影响到日本列岛。就此而言,两千年前的倭国遣使至关重要。

改元中元的经过

说起来,为什么倭国使节史上首次谒见中国皇帝的当年,会使用中元这个年号呢?

光武帝(名刘秀)生于西汉末年皇室旁支的地方豪族之家。他本该为世世代代作为"高祖刘邦的子孙"而自豪的同时,极为平凡地度过一生。然而,王莽篡夺皇权、建立新朝一事,大大改变了他的命运。反王莽势力在各地蜂拥而起,刘秀也加入其中,最终击败群雄，登上皇帝宝座。当时以建武为年号，用了三十一年。在继续沿用的话就该称为"建武三十二年"的那年，他实行了改元。新的年号就是中元。[5]

顾名思义，中元是指"君临中途的改元"。虽然这成了光武帝最后的年号，但改元之初自然没有这样的考虑。可以想象，此后如果到了合适的时候，应该还会考虑改元。

那么，改元中元时，光武帝朝廷为何认为当时到了"合适的时候"呢？相关提示出现在《后汉书·光武帝纪》中元元年（56）春正月的记载中。

这条记载始于各封国的王一同"来朝"之事。来朝是指到皇帝居住的洛阳贺年。这与倭国等外国使节的来访属于同类行为。《光武帝纪》中诸王来朝的记录，仅此一次。这是因为其他年份诸王没有来朝，还是出于特别的理由，只记录当年的来朝，现在不得而知。如果是前者的话，那么这一年就是诸王云集于国都的特殊年份。而且，即使是后一种情况，特意只记录这一年的做法，也足以表明这一年的特殊性。

笔者认为，这次来朝是光武帝出于某项计划而召集诸王的结果。这项计划就是山东泰山的封禅。[6]正月光武帝从洛阳出发，二月到泰山（《光武帝纪》作"太山"）。领地在泰山附近的两位藩王（北海王、齐王），则在泰山（书中作"东岳"）谒见（"朝"）光武帝。可见光武帝从一开始，就没有召他们二人到洛阳，而要与他们在泰山相会。也就是说，可以推测光武帝因为要让前述诸王随行封禅，才将他们召到洛阳。

于是在二月，光武帝举行了封禅大礼。

封禅是帝王向天神报告天下太平的仪式。《管子》一书记载，自太古以来有七十二位帝王举行过封禅。这当然是虚构的，但基于这一传说，秦始皇和汉武帝真的举行了封禅。光武帝则是有史为证的第三位"封禅过的帝王"。[7]

之所以举行封禅，是由于光武帝全面终止了西汉末年以来的政治混乱，树立了稳固的皇权，由此颇怀自信。封禅后，他在四月回到洛阳，改元中元。也就是说，改元之前年号仍是建武，当年本是建武三十二年。虽然《后汉书》在当年年初就记作"中元元年"，但这不过是追溯到年初，将全年系于新年号下的做法。举行封禅的时间，严格上讲是建武三十二年。

光武帝接下来又驾幸长安，晋谒长陵（高祖墓）。虽然他之前也到过长安，并非第一次去，但不难想象，这次参拜长陵，应该是为了向高祖之灵报告封禅的情况。

还有，在当年夏天，洛阳涌出灵泉，身怀痼疾的人饮水后纷纷康复了。此外又有赤草生长、甘露降于郡国之类的事。这些现象称为瑞祥，被视为自然界庆贺帝王施政的证据。当然，从科学的角度讲，这些事并不可信，应解释为人为捏造的产物。不过在时人看来，这些做法能为光武帝的王权增添一重权威，而这种观念本身在思想史上颇具意义。

正在这时，倭国使节团来到了洛阳。

后土祭祀与倭国奉献

《光武帝纪》在中元元年部分的最后，有这样的记载：

> 是岁，初起明堂、灵台、辟雍及北郊兆域，宣布图谶于天下。

遍查《论语》，也找不到明堂、灵台、辟雍、北郊、图谶这些用语。[8]一般而言，在今日，无论是日本还是中国、韩国，都将《论语》视为儒教思想最具代表性的典籍，并认为该书的内容正是儒教理念的核心部分。然而，这只是在宋代朱子学勃兴、规定四书（《大学》《中庸》《论语》《孟子》）为必读书后，才形成的看法。

光武帝时，儒教以五经（《易》《书》《诗》《礼》《春秋》）为经典。而在五经和《论语》《孝经》之外，存在称为纬书的文本群，与各经相对应。与经书一样，当时人认为纬书也是孔子所撰、甚至早于孔子的著作，不过如今一般认为纬书实际上成书于西汉末期。图谶则是预言书，在当时颇为流行，与纬书合称谶纬。光武帝爱好谶纬思想，当时的经书解释也用到谶纬。明堂、灵台、辟雍、北郊这些术语，均见于纬书。[9]

在光武帝所确立的新国都——洛阳的郊外，此时首次营造了上述设施。泰山封禅和这些设施的完成，都是象征其王权稳如磐石的事件。接下来，在翌年正月，他在北郊祭祀后土后，接见了倭国使节。

明堂、灵台、辟雍合称三雍，向来被认为共同构成了一个整体。自古以来，这三者是指同一设施的各部分，还是指相互独立的设施，儒者之间众说纷纭。不过，1962年启动的东汉洛阳南郊发掘调查表明，光武帝营造的是相互独立的建筑物。[10]

据司马彪《续汉书·祭祀志》，与北郊相对的南郊，自建武二年（26）开始整修，但在范晔《后汉书》光武帝纪的该年部分没有相关记载。南郊在与北郊相对而设时，是祭祀天神的场所。在没有北郊的情况下，不妨认为地祇也合祀于南郊。天南、地北，这是根据阴阳思想而匹配的方位。光武帝在营造南郊三十年后，举行封禅、建设三雍，并分开了天和地的祭祀场所。做好这样的准备后，到中元二年正月，他才开始在北郊祭祀后土。

后土是儒教经书中频频提及的神（如《尚书·武成》《周礼·春官·大宗伯》《礼记·月令》等）。注释者认为它是大地之神，根据它在《尚书·武成》与名为皇天的神（被视为最高级的天神）成对这一点，将它视作最高级的地祇。汉武帝认为，天存在封禅等形式的祭祀，地却没有得到祭祀，这种做法偏离了古代纯正的祭祀体系。于是，他在山西汾阴设置了后土的祭祀场所。其后，朝廷在（按儒者的理解）修正郊祀祭礼时，就与南郊的皇天祭祀相对，将后土的祭祀场所设于北郊。这项改革的推动者就是王莽（以上据《汉书·郊祀志》）。光武帝也分别为后土与皇天安排场地，在中元二年正月举行了祭祀。

这时，倭国的使节团应该已抵达洛阳。虽然具体时间不太清楚，不过窃以为，如果从后世遣唐使和遣明使的例子类推的话，他们应该不晚于上一年年底就已抵达，然后一直在为新年庆典时谒见光武帝做准备。在笔者看来，倭国使节的"奉献"之所以安排在后土祭祀之后，大概因为这两件事足以鲜明地体现出，光武帝正是人间的统治者。[11]

后土是将整个大地神格化后形成的神。在中国传统的世界观中，大地是被海包围起来的。四边根据其方位，分别称为东海、南海、西海、北海——当然，这些海只是古人观念的反映。四方的海合称"四海"，而该词进而又指四海所包围的整个世界。在古人看来，后土就是指四海所包围的这片大地（大陆）。

这片大陆都是皇帝受命于天而施行统治的对象。当然现实中也有皇帝不能直接统治、皇帝的感化不能波及的地域。这就是中华一词的对立概念——夷狄（按方位还可分为东夷、南蛮、西戎、北狄）所居住的地域。很多夷狄也形成了自己的社会，拥有自己的君长。在这些君长之中，有人仰慕皇帝之德而前来朝贡。此时，皇帝就会授予他们王侯的称号，将他们视为自己的臣下，借此间接地将教化施于夷狄居住的地域，让中华文明渗透到那里。这也是受命于天的皇帝的职责。有时中华皇帝会派使者到夷狄的君长处，促令朝贡。如果后者不听从命令，反而加以反抗的话，还会施加军事惩罚——至少就理论而言。以上就是对儒教王权论中对外认识的概括。

这种思想形成于西汉末年，光武帝也据之行事。而将后土祭礼独立出来的做法，正是对这一思想的落实。与此同时，"东夷"（《后汉书·光武帝纪》的写法）的其中一位君主"倭奴国王"派遣使节到来。严格来说，光武帝接受这次朝贡，将王的称号授予那位君主后，他才成为倭奴国王。恐怕"倭奴"这个汉字写法，就是朝贡时向光武帝提出的表文（今天的说法是亲笔信）上使用的写法。当然，这篇表文没有流传下来，而且与卑弥呼和倭王武（据推断是雄略天皇）的情况不同，连其大致内容也不见于史书。

光武帝朝廷不是首次接受东夷朝贡。《后汉书·东夷列传》夫余国条下，提到"建武中，东夷诸国皆来献见"。高句丽、夫余分别是在建武八年（32）、二十五年（49）来朝贡的。韩的条目则提到朝鲜半岛南部分为马韩、辰韩、弁辰三种，计有七十八国。

但倭国和其他政权不同的是，它没有与中国接壤。倭的条目开篇就说"倭在韩东南大海中"。也就是说，倭国的特点在于，它是要渡海才能到达的岛屿。这就体现出，光武帝的德业已远播海外，连大地尽头的岛国也有朝贡使节来访。此事发生在中元二年，与北郊后土的祭祀刚好同时。于是，光武帝实现了对整个人间的征服。之前说这两件事在为光武帝的王权增添一重权威方面具有同样的意义，原因正在于此。

但此后不久，在二月戊戌，光武帝崩于南宫前殿，时年六十二岁。这条记载正是《光武帝纪》中倭国奉献后的下一条，于是倭国奉献就成了光武帝在位时的最后一项事件。

此后的日中外交

光武帝时倭奴国，以及汉安帝时倭国王帅升派使节远赴洛阳朝贡，应该存在日本列岛内部的原因。为介绍教育界内公认、众所周知的看法，兹引某日本史教科书论述如下：

> 这些小国的王，大概是希望通过从中国和朝鲜半岛引入先进文化，来确立有利地位，特别是让自己在倭国内的地位较之其他小国更为巩固，才派使节到中国的。（《詳説日本史

B》，山川出版社，2013版，页21）

事实的确如此。不过，教科书没有提到的是，朝贡的原因并非仅仅在于日方，中方即东汉的皇权，也从倭国朝贡中获得了好处。[12]也就是说，日中交流这段历史，不是在日本单方面的意志下就能开展的。

这看起来是理所当然的事。无论古今东西，外交关系都是这样一回事，日本旁边的朝鲜半岛各王朝和中华皇帝的关系中也有如此历程。[13]日本或许由于隔着大海，对来自中国王权的直接威胁感受不深，所以更倾向于单纯叙述"自己这边"的原因。

此后，邪马台国卑弥呼的遣使朝贡，则应与魏的立国，以及它不是统一王朝这两件事联系起来一同思考。5世纪所谓"倭五王"正逢中国南北朝时代，即王权并立的时代。南朝史料《宋书·夷蛮传》记载了他们遣使朝贡的事。另一方面，虽然没有他们向北朝朝贡的相关史料，但考虑到当时华北政权短命，战乱频仍，以致现存史料较少，所以难以断言倭国使节与他们完全没有往来。当时的倭国可能意外地长于外交。

南北朝统一后，就是遣隋使、遣唐使的时代。虽然现在遣隋使不是朝贡、是对等外交这种解释比较流行，但日方的自我认识暂且不提，从隋的角度来看，遣隋使无疑是朝贡使团。遣唐使在长安宫廷中，可能也与新罗等国的朝贡使团按同规格对待，并且随行带有"日本国王"的表文。从日本的立场来看，唐这个世界帝国，在政治、文化等多方面都有值得学习的内容。而对唐来说，和光武帝时一样，因仰慕皇帝的大德，连危险的大海都能渡过、特意来到中国的"东夷",其存在正足以显示中华皇权的威信。在朝贡外交上,双方的利害关系是一致的。

然而到了宋代,虽然多次得到召谕,日本则只取贸易实利,委婉拒绝了朝贡的要求。基于这一立场,日本没有对蒙古皇帝忽必烈的国书做出答复,为此引来蒙古入侵。到明初,中国继续采取召谕周边各国朝贡的政策。在召谕九州北部的怀良亲王政权时,后者虽然最初有所拒绝,最后仍选择建交。之后就是室町幕府主导下的遣明使时代。既然携带日本国王的国书而行,那就无疑是朝贡。江户幕府与清则是互市(即只有经济关系的往来),避开了政治性的朝贡,直到明治维新。

作为近代国家的大日本帝国,与清开始了形式上的对等外交(《日清修好条规》)。这一建交立足于近代西方舶来的主权国家国际关系的规则,虽然此后有过"不幸的历史",但日中关系至今仍维持在这一框架内。[14]

基于儒教王权论的历史观

中国发明的汉字,在东北亚的文化交流圈传播开来,成为各国记录历史的工具。新罗在统一朝鲜半岛后,曾有若干种关于新罗、高句丽、百济三国鼎立时代的历史书编成,但大多已散佚,现存最早而保存完整的史书是《三国史记》(1145年成书)。

日本现存两种基于"帝纪""旧辞"等记录(既然形诸文字,用的当然是汉字)、在8世纪初编成的史书,即所谓《记》《纪》。其中《古事记》(712年成书),是太安万侣将稗田阿礼所记诵的内容，改用汉字而写就的。然而，书中并未提到中国，只偶尔言及朝鲜半岛上的各国，而且没有推古天皇[15]之后的记载。与此相对，《日本书纪》（720 年成书）则明确记载了推古天皇派出遣隋使，但没有提到本文开篇所介绍的六百年前那次倭国朝献。

不仅如此，无论是 3 世纪的卑弥呼，还是 5 世纪的倭五王，都没有在《记》《纪》中出现。关于他们对中外交的研究，如今仍然依赖于中国的文献史料，其原因就在于此。不过，向来都有研究将倭五王和《记》《纪》记载的天皇联系起来。其中倭王武是雄略天皇的观点，因为有考古学的证据，如今已成定论。

其实，对于卑弥呼，《日本书纪》编纂者应该曾考虑将她和某一人物对应起来，在记叙上下过一番功夫。此人就是神功皇后。神功皇后是应神天皇之母，在其妊娠期间，其夫仲哀天皇驾崩，于是主政七十年（！）。《日本书纪》这样记述的理由之一，是想让她活动的时期，能与《三国志》所载卑弥呼及其后继者壹与遣使到魏的年代相吻合。于是，该书就将神功皇后塑造成新罗征讨的主角，以及为日本开辟对外交流的人物。[16]

因此，中国的《三国志》和日本的《日本书纪》都读过的人，一定会意识到两者之间的关系。有关邪马台国所在地的论争，源自"卑弥呼"究竟是谁这个问题意识。江户时代国学家本居宣长（至今仍被认为是"邪马台国九州说"的首倡者之一），将卑弥呼朝贡一事，解释为"九州的熊袭①冒用神功皇后之名"（《驭戎慨言》）。因为，神功皇后这样的人物，不可能会特地向魏帝卑躬屈

---

① 当地土著名。

膝。毕竟，天皇与皇帝的地位应该是对等的。[17]

《日本书纪》记载，遣隋使所持国书写道"东天皇敬白西皇帝"，其依据当是《隋书》所载有名的"日出处天子"。很可能是因为想要表明彼此之间对等的对外关系在推古天皇时已然成立，《日本书纪》才会做出此记述。至于之所以没有提到倭王武（雄略天皇）向南朝遣使的事，大概也是出于不愿承认曾有"请承认我是倭王"这段外交关系的心理。实际上，《大日本史》等江户时代的历史书，就坚决否认这是史实。毕竟，按儒教的逻辑，天皇对皇帝称臣纳贡是荒谬的行为。

近代引入立足于史料批判的实证史学后，开始有学者认为邪马台国位于大和地区，其女王曾向魏朝贡。在京都帝国大学讲授中国史的内藤湖南就是主张邪马台国畿内说的中心人物。邪马台国所在地的论争如今尚无定论，不过畿内说占优势。

正如这些典型事例所示，日本曾与中华王朝缔结朝贡关系的相关史料记录，在日本是不受欢迎的。15世纪，足利义满以"源道义"之名向明朝贡、获封"日本国王"一事，由于日方记录也非常详细，不容否定，人们于是以"作为天皇臣下，却僭越而不忠"为由，将义满视为伦理上的批判对象。至于丰臣秀吉出兵朝鲜一事，江户末期的赖山阳在《日本外史》和其他文章中，认为秀吉与明议和时，对明朝皇帝封自己为"日本国王"而发怒一事，其理由在于"我乃天皇臣下，不必受明封号"，甚至说他撕毁了明朝的封诰。

而在近代式的外交关系，即形式上对等的主权国家间的国际关系中，"朝贡"也是不受欢迎的。出于儒教名分论（天皇与皇帝同级）而对历史所做的歪曲，到了近代仍为政治话语所用，其理由就在于此。

对日本来说，如何与中、韩、朝等东北亚各国相处，是重大的外交议题。人们所秉持的主义、主张因政治信条的不同而趋于多元化，这在以民主主义为国是的国家，本是值得欢迎的现象。但问题在于这些主义、主张是否建立在可靠的历史认识上。像"与隋展开对等外交的圣德太子是伟大的""没有接受明朝开出的屈辱的讲和条件，秀吉可真是英雄"之类的说法，如今变得街知巷闻，对于从事人文研究的笔者而言，这是令人忧虑不已的事。为了向世间普及更具学术性的人文知识，我们应该多花心思，积极行动起来。[18]

注

[1] 下文所引《后汉书》的日译版及其说明，见渡边义浩主编《全訳後漢書》（汲古书院，全18册，2001—2016）。另外，历代正史所收倭国传、日本传的日译版，参见藤堂明保等《倭国伝全訳注：中国正史に描かれた日本》（2010）。

[2] 此后，在安帝永初元年（107）时，又有倭国使者来朝。此事在《后汉书·安帝纪》和《东夷列传》中都有记录。而见于正史的下一次日中交流，就是著名的卑弥呼遣使事件（《三国志·魏书·乌丸鲜卑东夷传》）。

[3] 这条史料在表示年的"二年"和表示月的"正月"之间，加入了表示季节的"春"字。这模仿的是传为孔子所作的《春秋》的笔法。王

（秦以后则是皇帝）拥有历法制订权，而为了表示该历法依据自然运行、即遵循季节交替而作，于是加上了这个"春"字。这一做法延续到20世纪帝政终结为止，是中国历史记录的一大原则。另外，正如《春秋》"元年春王正月"的写法，一般还会在季节和月之间加入"王"字，表示"季节是自然现象，而制订月份是王的权力"。

〔4〕现在我们当作东汉的历史记录而使用的《后汉书》，是5世纪南朝宋的范晔改订过去的史书而编成的。由于过去的史书（共七种，合称"七氏后汉书"）都已亡佚，现存最早的史料就是范晔的《后汉书》。另外，由于《后汉书》比陈寿《三国志》晚出，所以书中《东夷列传》对卑弥呼的记载，应该节略转载自《三国志》等书。因此，《三国志》在相关问题上更具史料价值。

〔5〕严格来说，新年号是四字的"建武中元"。《后汉书·光武帝纪》仅作"中元"，但《东夷列传》则作"建武中元二年"。《后汉书》其他地方也有"建武中元"的用例。

〔6〕关于封禅的准备过程和具体举行的内容，《后汉书·祭祀志上》封禅部分有详细记载。据该书，建武三十年时，群臣以在位三十年而劝光武帝封禅，由是开始准备相关工作。①另外，由于范晔并未完成志的部分，宋代以后，通行的《后汉书》是在原来的本纪、列传基础上，补入了司马彪《续汉书》的志。

〔7〕此后仅有唐高宗及武则天、唐玄宗、宋真宗四人曾行封禅。另外，真宗以后再无后帝王封禅的原因，参见拙论《天道・革命・隐逸：朱子学の王权をめぐって》（2002）。

〔8〕关于"图"，有人认为与《论语·子罕》中孔子所说"凤鸟不

---

① 据《后汉书·祭祀志上》，建武三十年群臣上言封禅时，光武帝尚未允准，直到两年后偶然夜读图谶，心有所感，才终于同意。此处姑照原文译出。

至,河不出图,吾已矣夫"的"图"是同类事物。但这不过是东汉以后《论语》解释中的观念,未必是原意。

〔9〕纬书《孝经援神契》记载了明堂的建筑结构。"明堂"一词本身已见于《周礼·考工记》《礼记·明堂位》等纬书之前的典籍,指王者召集诸侯、仪式性地执行政务的场所。灵台见于《礼含文嘉》,是观测天体的设施。辟雍见于《礼记·王制》,而关于其建设目的和形状的解说,则见于博采纬书之说、确立儒教正统教义的《白虎通》。虽然现存纬书中看不到相关记述,但从《白虎通》的特点来看,可以推测该书对辟雍的解释应来自纬书。参见户川芳郎《"礼统"と東漢の霊台》(1984)。

〔10〕《全訳後漢書五》(2010,页99—106)中,引用了中国社会科学院編《汉魏洛阳故城南郊礼制建筑遗迹:1962—1992年考古发掘报告》(文物出版社,2010)整理的考古成果。

〔11〕在儒教的王权论中,统治者具备双重身份,即天子与皇帝(周以前则是"王")。天子受命于天而统治人类社会,皇帝则基本上以世袭方式来支配人间。按惯例,祭祀过程中,面对天地众神(天神地祇)时应自称天子,面对皇室祖先等本是人类的众神(称为人鬼),则称皇帝。参见小岛毅《天子と皇帝:中華帝国の祭祀体系》(1991)。

〔12〕关于安帝,其实存在一个特殊背景。他是章帝之孙、和帝之侄,其生父不曾即帝位。和帝之后的殇帝(殇是夭折的意思)仅两岁即驾崩,因此安帝是十三岁时以旁支身份即位的。安帝即位十四月后,在永初二年(108)十月,倭国王帅升遣使"奉献"。光武帝时的"奉献"象征着王权威信的全面实现,与之不同,安帝时的这次明显是利用了因"仰慕少年皇帝之德"而远渡重洋的朝贡使节,具有为王权防患于未然的意味。

〔13〕比如,新罗因与百济和高句丽敌对,所以积极向唐朝贡,以讨其欢心。唐也为了夹击高句丽而优待新罗。但当百济、高句丽灭亡,新罗

成为半岛霸主时,两国关系变得紧张起来。与此相反,高丽则是利用两位中华皇帝,即初期的辽宋、后期的金宋之间的对抗关系而开展朝贡的。

〔14〕朝鲜半岛的高丽在注〔13〕之后的时代,受蒙古的猛攻而臣服。而在明朝立国的同时,半岛上也出现王朝交替,进入朝鲜时代,后者继续按照儒教式的皇帝与王的关系,向中国(明、清)朝贡。大日本帝国则用近代西式思路,破坏了这种传统的国际关系,并最终在1910年吞并了"大韩帝国"。

〔15〕不过,要到8世纪后期,历代天皇才被添上这样的汉风谥号。《记》《纪》中的天皇均以和风谥号相称。

〔16〕《古事记》也记载了征讨新罗之事,但没有交代具体年份,并且没有提到中国。太安万侣等人究竟有怎样的意图,目前不得而知。

〔17〕神功皇后在《记》《纪》中是按天皇的规格来书写的,传统上在计算天皇代数时也将她列入。到了明治年间,她才被排除出天皇世系。

〔18〕羽田正编《東アジア海域に漕ぎだす1:海から見た歴史》(东京大学出版会,2013)选取了三个时期作为代表,高屋建瓴地描绘出东亚海域交流中的各种面貌。

参考文献

小岛毅:《天子と皇帝:中華帝国の祭祀体系》,收入松原正毅编《王権の位相》,弘文堂,1991。

小岛毅:《天道・革命・隠逸:朱子学的王権をめぐって》,收入网野善彦、桦山纮一、宫田登、安丸良夫、山本幸司编《宗教と権威》(岩波讲座《天皇と王権を考える4》),岩波书店,2002。

藤堂明保、竹田晃、影山辉国:《倭国伝：中国正史に描かれた日本》,讲谈社,2010。

户川芳郎:《"礼統"と東漢の霊台》,收入安居香山编《讖緯思想の綜合的研究》,国书刊行会,1984。

羽田正编:《東アジア海域に漕ぎだす1：海から見た歴史》,东京大学出版会,2013。

渡边义浩、池田雅典编:《全訳後漢書五》,《志三・祭祀》,汲古书院,2012,页99—106。

本文初载于熊野纯彦、佐藤健二编《境界と交流》(《人文知》3,东京大学出版会,2014)。该编由东京大学文学部教员基于各自专业而供稿,内容上横跨人文学各领域。本文对《后汉书·光武帝纪》中记载顺序的强调,窃以为还算独创之见,遗憾尚未见到任何回应。

中华的历史观：以春秋学为中心

中国的正式国名是中华人民共和国。其英文名People's Republic of China中的China相当于中文名中的"中华"。该词语源是古代王朝的秦（Chin, Qin），在不使用汉字的地区，通常用于指称中国。至于"支那"一语则来自佛教文化圈，当时中国人在得知外国人如此称呼中国后，就音译成了这两个汉字。[1]"支那"称为China，与Japan来自中国南方对日本的叫法Zipang一事相似。

今日在朝鲜半岛并立的大韩民国（Republic of Korea）与朝鲜民主主义人民共和国（Democratic People's Republic of Korea），各自基于对本族史的不同认识，在固有国名问题上，一方选择了韩，另一方则选择了朝鲜。但双方的英文名都是Korea。该词来自高丽（Goryeo）王朝。不使用汉字的地区对其中的区别恐怕鲜有措意。两国在英语中都称为"高丽国"，但在汉字或本民族的记音文字谚文中，则有"韩国"和"朝鲜国"之别。

与之相较，对于英文的China，中国的海峡两岸都用自己的文字（即汉字）记作"中华"。作为固有国名的中华指的到底是什么？从中可以反映中国人怎样的自我认识？本文尝试围绕中华一词，梳理"中华之国"的历史。

中华的形成史

中华的近义词，有中夏、华夏、中国等。现存古籍中最早出现的是"中国"，可见于《诗经·生民》和《书经·梓材》。"华夏"则见于《书经·武成》，唐初7世纪的注解（孔疏）提到，"中国为华夏也"。"中夏"在西汉文献中有"夏季之中"的意思（《淮南子·说林训》及《周礼·夏官·大司马》），但就本文所谈论的义项而言，其用例最早见于东汉初班固的《东都赋》。《文选》收录了该赋，而唐初的《文选》注释（吕向注）则将这里的"中夏"释作"中国"，那么它和华夏一样，也被认为能与中国一词互换。

据此可知，到了唐代，这些近义词中最为常用的是中国一词，其他词的意义都是通过它得到说明的。"中华"也一样，唐初所编的《唐律疏议》就说"中华者，中国也"。[①] 这里在说明对象（中华）时所用的词，就是"中国"。《唐律疏议》随后解释："亲被王教，自属中国。衣冠威仪，习俗孝悌，居身礼仪，故谓之中华。"也就是说，就其领域而言位于"中国"，同时又实现了儒教所重视的伦理道德的社会，就称为"中华"。

---

① 本段两处《唐律疏议》引文实际出自宋人此山贳冶子为学习《宋刑统》而编纂的释文，后经元人王元亮重编，附入《唐律疏议》，见于今本《唐律释文》卷3。

在日本，受高中日本古代史课程等因素的影响，人们通常认为唐这个王朝的运作立足于律令体制。但严格来说，比律令更重要的还有礼。换而言之，律、令之类的法典背后存在一种理念，即王朝的统治应依照当时儒教所构想的礼，而律的刑罚体系也根据礼来制定。唐律中的"中华"一词，前揭《疏议》引文是用"礼"来加以说明的。因此，该词不单是表示领土范围这种空间层面的、定量的概念，还彰显着栖息其间之人的生活规范，因而也是一个价值层面的、定性的用语。

"中华"一词最早见于唐之前的六朝，与前面三个在汉代已有用例的近义词（中夏、华夏、中国）相比，出现年代稍晚。当然这只是就现存文献而言，未必能导向"汉代没有中华一词"的结论，不过较之其他近义词为晚出，应无疑义。汉代的"大一统"（详见下文）中，并没有将"中"字和"华"字结合起来使用的"中华"一词。在北方异族（相对于华、夏，用汉字记作夷、胡的各种人）征服黄河流域（自古以来称为中原的地域）的文明中心地（即中夏、华夏、中国）而建立国家时，大量（我们所谓的）汉族移民来到南方，在建康（今南京）拥立皇权，与北方政权对抗。这就是六朝时代（222—589）。

六朝是对六个以南京为都的王朝（吴、东晋、宋、齐、梁、陈）的总称。严格来说，在吴的时候，黄河流域是由曹魏统治的，这就是吴、魏与四川的蜀（这是他称，其自称是汉）鼎立的三国时代。吴国灭亡后，西晋所恢复的统一王朝时期维持了约40年（280—317）。因此，虽然现在的学术用语中"魏晋南北朝"的称法是主流，但在汉人的传统历史观念中，这是异族对华北的入侵。

为了如实呈现这一点，本文将仍然采用六朝一词。

要之，要说"中华"一语的来历，可以推想：六朝时期南方（长江流域）的统治者虽然丧失了疆域中的核心地带（黄河流域），但仍然在民族、文化层面上以汉朝正统后继者自居，他们所用的"中华"一语，不是单纯指涉疆域的概念，而是兼具民族、文化层面的内涵。前揭《唐律疏议》的释文，就是重新建立统一帝国的唐代朝廷在强调其正统性时所使用的表述。

不过，希望读者注意的是，唐并非六朝（南朝）的后继者。据考，李唐皇室的祖先并非汉族。他们指认老子（李耳）为自己的祖先，而且自称血统可以追溯到西凉（400—421，以敦煌〔后酒泉〕为都的独立王国）的王室。这里巧妙运用了老子晚年西去后行踪不明的传说。当然，这一谱系是虚构的，现在的定论是李唐皇室源出于北魏（386—534）武将，即鲜卑族。

李渊（高祖）本是隋臣，后即帝位，建立唐朝（618）。不过李氏此时和隋的皇室杨氏一样，捏造了"本为汉族，北朝时不得已而出仕异族、遵循其习俗"这样一段历史来为自己辩护，由此为他们建立足以与伟大的汉朝相匹敌的大帝国提供了理论依据。于是，唐将隋所征服的陈视为南朝最后的王朝，非常重视这段历史，创造了"六朝"的概念。

为此，唐编纂了自身所属的北朝系的《北齐书》《北周书》《隋书》，以及南朝系的《梁书》《陈书》，将双方都列入正史。《隋书》中的志，本来是作为"五代史志"、即五书共通的部分而编纂的。其中记述对于南北两朝没有高下之别。说来，正是唐初五代史的编纂工程让正史编纂的工作成为官僚机构中文教部门的职责，并确立了朝廷所编纂的历史书是"正史"的概念。《隋书·经籍志》中史部的开篇,就设立"正史"一门,成了后世史书的典范。唐代另外还有《北史》和《南史》两部史书编成。

换句话说,唐朝非常看重以中华正统自居的南朝(尽管与自家的起源无关),并尝试以汉朝后继者的姿态示人。有学者指出,就儒教学术而言,唐朝在编纂有名的《五经正义》时,更为重视的也是南朝一方的经典解释。[2]

不过另一方面,唐对非汉族的政治势力,又摆出了北朝以来非汉族王朝君主的姿态。其中的标志性事件,是太宗李世民被西北各族的王推戴为"天可汗"一事(《新唐书》卷2《太宗纪》)。这是统领西北各族君长的称号,与针对汉族的儒教式的"皇帝"之号相比,属于另一理路。"天"是用汉字意译为北方民族所神化、崇拜的天空(tengri),"可汗"(Qayan)则是突厥系国家君主称号的音译写法,其意译即"皇帝"。也就是说,"天可汗"这个称号,与儒教的君主称号——受命于天的"天子"与地上统治者"皇帝",其实是同义的。这一举措让唐的皇帝成为统治胡汉双方的普世君主,为唐的皇权增添了一重权威。

于是,"中华"一词通过与"衣冠威仪"之类个别、具体的汉族表征相联结,成为唐朝统治汉族合法性的论据。至于"夷狄",就其字义而言,这个世界位于"中华"之外,唐是以天可汗之尊君临其上的。不过,唐这个王朝名本身到底属于汉字文化,而"中华"也在作为其王朝体制的一部分而发挥作用。《五经正义》和律令的理念只通行于渗透着(或是说,被认为应该渗透着)儒教文化的中华,并不适用于设置都护府等官府来施行间接统治的西部、北部地区。中华一词,就如其本身以汉字写成一事所示,是指汉字、汉文所通行的范围,即前揭《唐律》中所言的"中国"。

唐的衰亡与宋代朱子学的问世

唐的帝国体制因8世纪中叶的安史之乱而大大蜕变。此前,唐的威信在西域已有所动摇,而吐蕃的勃兴又促成双方的军事冲突。安史之乱的中心人物,安禄山、史思明本身则是粟特人。这场叛乱几经辛苦,终于得以平定,但唐廷已不再具备天可汗那种能让众多异族顺从的威严。

唐朝后期的一百五十年间,有一系列汉族官僚所实行的行政、财政改革,以及对地方藩镇的管制。与六朝时代一样,中华再度成为对自身和他者严加区分时用到的概念。例如,作为财务官僚也毫不逊色的杜佑在编纂《通典》时,按项目分类以及各项中的时间顺序,整理了历代国家制度的变化,而其中分量最大的是《礼典》。王朝的祭祀、仪礼按儒教教义本应如何安排,其沿革如何,又经历了怎样的曲折论争,这些问题在《礼典》中都得到网罗整理。其中保留了六朝时代、特别是南朝礼制的丰富史料,对今日的研究而言,是贵重的史料。虽然中华一词在其中没有得到特别论述,但书中所收集的资料,成了安史之乱后将唐再造成中华时所应参考的记录汇编。

唐朝维持到杜佑辞世近百年后的10世纪初,在907年为朱全忠所篡。经历统称为五代的五个短命王朝后,就到了宋代(960—

1279）。宋朝在三百年间，一直被迫直面北方异族王朝强大的军事威胁。与辽（契丹）、金（女真）、元（蒙古）和西夏（党项）相对抗，同时肩负着宋朝政治的科举出身官僚（士大夫），发展出了尊王攘夷思想。

相传孔子曾在儒教经典之一的鲁国编年史《春秋》中，寄寓了微言大义，尊王攘夷思想就生发自这些微言大义。其意思是守护本来正统的王，驱逐野蛮人和异族。宋所面对的严峻的国际环境，促使宋人极力宣称自己的皇帝才是中华文明的守护者。他们在"华夷之辨"的命题下，讨论"中华何以成其所是"。当时还出现了一种思潮，更为强调儒教伦理中的君臣之义和男女之别。这主要是由于时人认为夷狄没有君臣之义和男女之别，所以有意强调自己和他们的区别。朱子学正是作为这种思潮的集大成者而问世的。

根据朱熹的说法，君臣、男女之间的上下关系，并非展示汉族民族性的特殊行为习惯，而是让宇宙得以成立的原理，是整个世界的普遍伦理规范。严格遵守规范的人，属于中华；不遵守的则是夷狄、禽兽。两者之间不是我们现代人所谓异文化之间的那种并列关系，而是谁合理、谁不合理的优劣关系。假如把朱熹的想法放在今日的思想环境下来比喻的话，中华和夷狄的关系，就是承认与不承认"基本人权"的社会之间，以及接受与（因宗教等理由而）不接受"科学真理"的社会之间那种价值层面的优劣关系。

不言自明，在宋人看来，前者是善、后者是恶，而表彰善的道德的宋朝，才是中华的正统王朝。虽然在军事上，宋与上述各王朝的对立中处于劣势，有时甚至在两国外交礼节上屈居下风，但即使面临如此的政治状况，宋的士大夫也依然保持着一种文化优越感，即中华意识。[3]宋不是像汉、唐那样为周边诸国所仰视的世界帝国，而且因为辽的存在，它也不是严格意义上的统一王朝，但它仍被视为正统王朝，其原因正由于此。

更准确地说，由于形成于宋代的历史观框架在后世依然通行，因而宋在后世的叙述中，也得以成为灿烂的中华王朝。甚至到今日，这一框架无论在中国还是日本都依然通行。与辽对立的北宋自不用说，针对与南北朝时期领土割据格局几乎一致的南宋与金的关系，在中国史的框架下一般都是以宋为中心的。

针对南北两朝并立的客观事实，以南朝一方为中华、认定南朝为正统王朝的历史观，也是宋代开始确立的。这与唐将南北双方的历史都列为正史，恰成对照。朱熹对于三国时代也做出道德评判，认为刘备的蜀（正式国号是汉）是正统王朝，魏则是汉王朝的篡夺者。于是，王朝交替的历史，成了讨论有无道义的观念游戏的对象。[4]司马光的《资治通鉴》因为以魏为正统，所以有"诸葛亮入寇"之类的记载，朱熹则认为这是蜀国发动的正义战争，于是改写成"征"。当然，无论是"寇（侵攻）"还是"征（进攻）"，只是对同一事件出于不同立场的描述。然而正因如此，这对于春秋学而言，构成了重大区别，微言大义正寄寓其间。

进而有人开始认为孔孟学说中正确的部分没有传承下来，为此，秦汉以后频频发生有违君臣、父子、夫妇大伦的事件，全然是一片黑暗的时代。至于摆脱黑暗、恢复正教，则是北宋中期儒者的功绩,道理直到此时才再度大放光明(道统说)。朱熹认为,既然此事为辽、金所无,这就表明大宋才是中华王朝。

不过,这一朱子学理论并非朱熹一人独创,而应该说是宋代新儒学思潮在一个世纪以来的结晶。那些当事人自己就已经将11世纪中叶视为新思潮的起点。政治上有范仲淹领导的庆历改革(1043),文化上则有同一世代的欧阳修在各领域的活动,这些都是划时代的举动。下面想介绍一本这个时代的代表性著作,即孙复的《春秋尊王发微》。除了专治中国思想史的人,恐怕鲜有人知这部著作,然而正是它奠定了宋代春秋学的基础。[5]

孙复《春秋尊王发微》

针对中国王朝交替和国都位置的关系,妹尾达彦指出,在唐宋变革期间,出现了从东西轴向南北轴的转变。[6]东西轴的关系始于周的镐京与洛邑,之后是秦和西汉的都城长安(咸阳),以及东汉和魏的都城洛阳。虽然晋定都洛阳(一度在长安),但因北方异族的入侵,为求避难而迁都至建康(南京)。虽然这次移动在地理上存在南北关系,但洛阳时代称为西晋、建康时代称为东晋这个命名方式,反映出的仍是东西轴的意识。而在所谓南北朝时代,虽然时人也意识到南北对立的关系,但国都的位置关系在理念上则是按东西轴处理的。上承北朝谱系的隋以长安为都,唐也基本上以长安为首都,同时以洛阳为留都,武则天时代和唐朝末期更将朝廷设于洛阳。到唐朝为止,历代均以长安—洛阳轴(东西轴)为基本线。

与之相对，宋代以后则以南北轴为基本线。也就是说，宋不以洛阳而以其附近的开封为首都，并将洛阳设为留都。北方的辽朝则将首都设于今日的中国东北。①其后，由于金的入侵，南宋将杭州设为临时首都（行在临安府）。金在开封之外，选择以中都（今北京）为首都，元继而在同一地方建设了大都。明最初以南京为首都，后来永乐帝迁都北京，此后清代乃至民国初期（袁世凯时代以降）均承袭了这一安排。与之相对，南京在民国最初期被孙文政权选为首都，而蒋介石北伐成功后，又从北京还都南京。毛泽东则在北京宣布中华人民共和国成立，直至今日，该地一直都是首都。妹尾由是指出，以南京和北京的关系为中心的南北轴，规定了近千年间中国首都的位置关系。

妹尾认为，从东西轴向南北轴的变更，与中国版图的扩大颇有关联。唐以前是所谓逐鹿中原的时代，黄河流域的长安—洛阳轴，在时人心目中是王权的所在地。与之相对，宋代以后的王朝交替穿插着汉族与北方民族的对抗，汉族王朝的宋、明建都南方，北方民族出身的辽、金、元、清则建都北方。特别值得注意的是，北京就其位置而言，可谓农耕定居的汉族与游牧狩猎民族两方生活圈的交界点。

以上之所以详述妹尾的立论，是因为他的观点与过去中国人自身的历史认识相吻合。也就是说，到唐代为止的王朝交替原理——五德终始说，是在中国本土（China proper）即中原这片范围内生效的。[7]而在五胡十六国进入中原、北方民族在汉族生

---

① 严格来说，辽的五京之中只有东京辽阳府位于今日辽宁，在此姑据原文译出。

活圈中树立王权时,虽然他们并未采取禅让方式,但仍然利用五德终始说来说明王权的成立。刘渊的汉(后来的赵)和苻坚的秦,因代晋而被视为是水德。最后鲜卑族的北魏也自称水德,从而被视为晋的继承者。北齐和北周(都是木德)、隋(火德)、唐(土德)均以禅让方式相继。到唐为止的北朝系诸王朝的这些君主,都持有非汉族的父系DNA,但他们采用汉代出现的五德终始说来解释王朝交替,因此可谓汉文明圈中人。

与之相对,宋辽对峙以来的中国史,其主轴是汉族与北方诸民族之间更为尖锐的对立。宋代皇室赵氏是历仕五代各朝的武人家族,因此可能不是纯粹的汉族,而是混有北方民族的血统。但他们强调自己是汉族,以击退辽朝和得到辽朝后援、盘踞山西的北汉,完全控制中原之地为其使命。于是出仕宋朝的科举官僚,遵循这一旨趣,将历史重构成为守护中华文明而展开的奋斗史,宣称宋的王权才是正统,比辽优越得多。

这就是尊王攘夷思想。尊王攘夷本来是汉代春秋学中的概念。作为孔子寄寓在《春秋》中的微言大义的重点,这一概念是指尊重孔子之时已经衰落的周室王权,并将夷狄驱除出中国域外,以维护周朝的传统文化。同样在春秋学中,也有"大一统"的主张,即以王德教化夷狄,使之成为中国文明一员,由此实现天下太平。虽然这两种思想未必不能兼容,但在对于异族是排除还是包容,两种选择结果悬殊时,它们就变得针锋相对了。一般是以大一统为公羊学的特征,而攘夷为谷梁学的特征。渡边义浩认为,公羊和谷梁的这两种不同主张,分别因应不同的政治形势:前者在西汉最盛的时期(武帝、昭帝期)成为主流,后者则在西汉衰退期

(宣帝期)后来居上。[8]

宋代的尊王攘夷思想继承了汉代以来的经学传统,并非一种全新的思想。不过,其立论不是对谷梁学的单方面继承,而是在重新检讨包括《左传》在内的《春秋》三传这一框架的基础上,对孔子真正意图的独立探索。这不只是春秋学,也是宋代经学的整体特征。

宣告宋代春秋学发轫的书籍,是十二卷的《春秋尊王发微》。十二卷的篇幅因应《春秋》这部十二代鲁国君主的编年史而来,《春秋》注释书历来大多采取这一形态。"发微"是指将孔子的微言向读者阐发,使尊王思想的深意得以大明。著者孙复(992—1057)是范仲淹、欧阳修等人的好友。

其书开篇就说:"孔子之作《春秋》也,以天下无王而作也。"(卷1)这是在回答《春秋》为何始于隐公时代这个春秋学的经典命题。与认为答案在于隐公本身的观点(比如隐公是贤者这种正面的理由,或者为弟弟所暗杀这种悲观的理由等)不同,孙复认为其原因在于周平王的时代终结于隐公在位期间。平王是因西方异族入侵、镐京陷落而迁都(东迁)洛邑的中兴之主,然而西方疆土最终还是没能收复。孙复据此解释,孔子正是将平王的统治当作划时代的大事,才从既有的鲁国编年史中的这一时段开始编纂《春秋》。

《春秋》以西狩获麟(鲁哀公时,传说中的灵兽麒麟突然出现而被捕获)一事收篇(只有《左传》在经文部分记到孔子之死,在传文部分记到哀公之死)。孙复认同将获麟视为可悲之事的解释:"至于获麟,天下之政,会盟征伐,皆吴、楚迭制之。"随后又以下述文字作为《发微》一书的结尾："是故《春秋》尊天子，褒齐晋。褒齐晋，所以贬吴楚也。尊天子，所以黜诸侯也。尊天子、黜诸侯，始于隐公是也。褒齐晋、贬吴楚，终于获麟是也。呜呼！其防微哉，其防微哉！"（卷12）

宋代的春秋学

孙复治春秋学的背景，见于魏泰《东轩笔录》卷14。魏泰与王安石及其后继者之一的章惇相善，属于所谓新党，不过《宋元学案》没有为他立传。孙复的下述故事还见于杨彦龄的《杨公笔录》，而《宋元学案》所引正出于此。杨彦龄应该是从《东轩笔录》转载这则故事的。

据魏泰所述，孙复在三十多岁时还穷困潦倒，范仲淹却认为他是可造之才，于是给予孙复经济援助，同时向他讲授《春秋》。孙复自此勉力读书，废寝忘食，最终成为春秋学的大家，获得朝廷的征召。《宋元学案》卷2《泰山学案》（该篇介绍以孙复为开祖的学派）也提到这则故事，不过《学案》的编者全祖望补充表示，考虑到范仲淹、孙复两人年龄等原因，他对此事真伪抱有怀疑。虽然年龄的问题似乎是全祖望的误解，但此事应该不是史实。[9]因为与此类似，也有范仲淹劝张载学《易》的故事在流传。

张载与程颢、程颐兄弟（所谓二程子）有亲戚关系。就其思想而言，张载也是作为活跃于道学形成期的人物而广为人知。朱熹认为周敦颐在孟子辞世一千四百年后复活了"道统"，而在谈论"道统"的相关人物时，就提到了张载。为此，张载的著作、语录得到历代朱子学者的关注，对他们颇有影响。张载出生于邻近宋夏交界的长安，因而少时热衷兵事，二十一岁时谒见范仲淹，后者当即认为张载必成大器，于是劝诫张载，"儒者自有名教可乐，何事于兵"，建议他去学习《中庸》，将张载引到了儒学的路上。这则故事因朱熹的《五朝名臣言行录》而广为流传，《宋史》本传（卷427《道学传》）也专门记载了此事。[10]张载研治《中庸》是出于范仲淹鼓励的故事，在宋代已广为人知。但在张载本人的现存文字中，没有关于范仲淹这份恩义的内容，因此恐怕并非事实。

从张载的情况来推测，范仲淹教授孙复春秋学的传说，恐怕也不是事实，而是在各位当事人死后创作出来的"故事"。不过，这些仅因不是事实而被轻轻放过的故事，往往蕴藏着值得注意的真理。孙复的故事也是如此。其主旨在于，孙复得以成为宋代春秋学的创始人，归根究底得益于范仲淹的眼力。这与朱子学学统中的重要人物张载会钻研儒学是拜范仲淹的指导所赐一事，存在同样的叙事结构。范仲淹凭借庆历改革和先忧后乐的口号，逐渐偶像化，成为宋代士大夫的精神指导。这些故事则想表明，孙复和张载是在范仲淹发现他们的潜质后成才的。孙复在范仲淹的指导下，开始有志于春秋学，这就意味着宋代春秋学实际发轫自范仲淹。这虽然不是史实，却一直在宋人之间传承，于是作为一则故事而定型。

一般认为，王安石学派轻视春秋学。新党主持的科举考试将《春秋》排除出五经（《易》《书》《诗》《礼》《春秋》），而在礼的部分并用《周礼》《礼记》，也就是用《周礼》取代了《春秋》。据说王安石曾严厉批评《春秋》不过是"断烂朝报（流传得残缺不全的官办报纸）"。虽然这应该也不是事实，但在后世学者看来，这则轶事一语道破真相，凸显了新党对《春秋》的厌恶。属于新党的魏泰却对孙复与范仲淹关于《春秋》的故事留下记载，这实在耐人寻味。

这则故事绝没有将孙复视作一个研究"断烂朝报"这种无用学问的人而加以揶揄。相反，它从正面的角度为孙复刻画了这样一种形象：在理想的士大夫范仲淹的薰陶下，立志钻研孔子寄寓于《春秋》中的微言大义。《春秋尊王发微》超越了政治的、党派的对立，在宋代士大夫中得到很高的评价。

佐藤仁指出，"宋朝是排除夷狄的势力，相隔约六百五十年才重新确立的汉族统一王朝"，所以与唐代韩愈的时候不同，"尊王攘夷的主张，或者进而论之，民族主义、国粹主义的主张，得以肆无忌惮地发挥"。他认为应从这一角度定位孙复的立场（《宋代の春秋学》，研文出版，2007）。"相隔约六百五十年"是从西晋亡于北方民族的时候算起。前文提到唐是非汉族色彩浓厚的王朝，而与此相异的体制，正是孙复所生活的宋代的特征。

不过，笔者想对佐藤的看法做一点修订。"统一王朝"这个概念不过是宋代士大夫的主观意见，事实上他们也承认辽和西夏这种异族王朝的存在，而且明白自身在军事上处于劣势，所以才会用"统一王朝"来"虚张声势"。说来宋人之所以强调"汉族"，就是因为想表明自我的正当性。宋代并非事实上的"汉族统一王朝"，只是宋人在以汉族（用他们的说法，就是"中国"）、统一王朝自相标榜。

这不是说"宋不是汉族王朝"。通过强调"中国"一词，将自己的君主尊为天子、皇帝，宋人开始把自己"贱夷狄""黜诸侯"的立场，树立为孔子本人的观念。正是在此前提下，自孙复发轫的宋代春秋学，将尊王攘夷思想推上台面，并使之发展壮大。

对宋代士大夫而言，中华是掌握正确价值、应该守护的文明。为此，当时的现实问题是要将中华与夷狄严加区别。当然，他们所说的夷狄——辽和金，的确都是带有强烈非汉族色彩的王权。但从辽、金的角度来看，自己绝非夷狄，在作为唐文明的后继者这一点上，他们并不比宋逊色。宋与辽、金之间的关系，不是基本思维完全不同的异文明之间的对峙，而是唐代文明后继者之间的竞争。宋人是靠他们精心创造的新型春秋学来参与这场竞争的。其口号就是尊王攘夷。

尊王攘夷思想得以在宋代普及渗透，是由于宋人所抱有的危机感。不妨认为，正是基于"不愿承认对手处于优势的事实"这种心理，要证明劣势明显的自己其实在文明层面处于优越地位，他们才创造出了尊王攘夷的理论。但这一理论并不适用于现实的国际关系。对于辽、金自不用说，宋对高丽、日本等共享儒教价值观的国家，也无力推行高压外交政策，仅仅是让高丽等国在名义上承认自己是中华的正统王朝，以期维护颜面。

然而讽刺的是，到铁木真（成吉思汗）纠合蒙古各部建设王权、其子窝阔台取代金统治华北后，"大蒙古国"开始以中华王朝的面目示人。此后，又将朱子学确立为御用学说，并在1271年选取来自《易》的"大元"为国号。于是，尊王攘夷思想不再只是汉族王朝的宋针对蒙古而用到的旗帜，元在针对不顺从自己的夷狄时也同样对其加以运用。运用者口中的"征东"——对其对象而言则是"元寇"——就这样施加于日本之上。

近世乃至现今的中华

宋朝没有对外国采取高压态度。这大概与其政治、军事力量的不足有关，但文化层面的中华意识则是另外一回事。与此相对，灭宋的元则将中华意识推上台面，迫使东亚各国臣服。当然，这一做法可能基于蒙古这个北方民族本来的行事方式，但在具体操作中，汉文写成的国书——这种以中华王朝为中心的东亚地区的传统手段也派上了用场。比如向日本要求朝贡的蒙古国书。

众所周知，这封国书末尾宣称用兵乃是情非得已，而日方则认为其中有"不自发朝贡，就会发兵"的威胁之意，镰仓幕府的首脑们为此大受刺激，两国之间的战事因而一触即发。就此而言，"蒙古袭来"绝不是蒙古和日本两个夷狄之间的战争，而是中华为了惩罚拒绝归顺其王权的夷狄而采取的"征东"。到江户时代，日本国内则开始将此事称为"元寇"。按进攻一方的逻辑是"征"，按受到攻击一方的逻辑则是"寇"。用相反的词语来描述同一战争的表现手法，正来自春秋学。儒教式的历史观，就这样扩散开来。

1368年，元廷撤回北方（请注意，不是灭亡），明朝立国。这个王朝以汉族意识为核心，总是以自己从暴虐的蒙古人手中解救了中国来自诩。这里所说的"中国",是所谓"胡元"风气褪去后呈现出的一种纯汉族的特质。[11]活跃于明中期的朱子学者丘濬(1421—1495)所著《大学衍义补》"驭夷狄"一节中,频频出现华夏、中国等词(但意外的是没有中华一词)。他所代表的明代朱子学士大夫,可谓是近代汉族中心主义的首倡者。

但在1644年,明朝皇帝因内乱而自缢于北京皇宫的山上,清军则举起为明复仇的旗号乘机入关,之后又与南方拥立朱明皇族的势力交战,最终在17世纪末平定了包括台湾在内的中国全境。其龙兴之地(今东北三省)和臣服于清的蒙古和藏地,再加上灭明而得的西方领土①——今日中国领土的原型就在18世纪中叶得到确立。由此诞生了一个以满洲统治者为顶点的双重构造的帝国:一部分版图靠汉字施行统治,另一部分则凭借藏传佛教守护者或草原霸主的身份加以支配。虽然也有一些汉族士大夫从文化、思想层面抗拒清朝,将清视作与蒙古一样的"胡"加以蔑视,但清廷则采用朱子学的理念来统治汉族。雍正帝本人还向顽固的汉族知识分子说教,指出朱子学是普遍真理,能遵行它的王朝就是中华,与其种族是汉族或夷狄(满族)无关(《大义觉迷录》)。满人作为支配者而汉、蒙、藏、回共生其间的社会就在理念层面上成形了。

后来到19世纪末叶,痛感于西洋列强(新的夷狄)对国权、国土的蹂躏,汉族青年发起了推翻清朝、复兴汉族国家的革命运动(灭满兴汉)。当时一部分人士所标举的汉族的象征,是神农

---

① 指相对今东北三省而言西边的关内之地。

（炎帝）和轩辕（黄帝）这些传说中太古的王者。"炎黄子孙"是这些人士自我认同的身份，而与之相反，满族和蒙古族则属于并非炎黄血裔的异族。按这一思路，他们缔造的共和制新国家的称呼，应该会仿效20世纪初的"大日本帝国"和"大韩帝国"这两个东亚国家，采取"大汉民国"的叫法。不过，1912年成立的国家，则称为"中华民国"。

他们在革命运动初期以"灭满兴汉"为口号，此后改弦易辙，举起了"中华"的旗号。这是对民族这个西洋舶来的概念（或理念）的运用。在中华的旗号下，新的国家在由汉族及其文化继续占据实际核心的同时，又和清一样，统括着汉、满、蒙、藏、回五族，乃至其他少数民族。不妨说，这是从汉族向中华民族的转换。而毛泽东所建立的社会主义政府，则如本文开篇所示，也在名称中用到中华一词。本文无意讨论这一选择恰当与否，但想指出，站在历史角度上看，这一过程依稀可见汉代"大一统"思想的复兴。

如何面对中华

中国如今也是立足于西方近代产生的国际关系观，而确立其官方历史认识的。因此，作为主权国家的中国与周边各国，不是"中华—夷狄"的关系，而是同等国家间的关系。

然而，在这一表层下，可能仍然存在传统的思维。自19世纪后期以来的一百五十年间，是中国在国际关系上比历史上的南朝和宋代更不如意的时代。于是中国人创造出"中华民族"的概念，而为了不被他国吞并、为了不分裂为多个国家，又在自我历史认识方面，认为自古以来就只有一个中国（并且应该一直如此）。由于国力的问题，中国过去一直侧重于将诸外国（夷狄）从国内驱逐出去，没有余力向外发展。不过，国际形势也在逐渐改变。

在一些岛屿的问题上，中国长期以来都与日本保持着某种默契。不过，如今中华则呈现出振兴的架势。如果日本面对这一局面还要意气用事的话，恐怕难免会重蹈13世纪的覆辙。我们如今正应"以史为鉴"，来探讨解决之道。

注

〔1〕如《宋史》卷490《外国传六》中天竺条下，天竺僧所译天竺王书信中可见"近闻支那国内有大明王"之语。宋朝皇帝非常乐意被外国人称为"支那"，《宋史》所见此则为其典型事例。在日本，直到江户时代，"支那"都不是蔑称。不过，按照20世纪中期以来的惯例，笔者将使用"中国"而不使用"支那"。

〔2〕野间文史《〈五经正义〉の研究：その成立と展开》（研文出版，1998）一边指出，"大概'注'所呈现的，就是唐初喜好南学的风潮。《五经正义》本身就是对这一现状的追认"，一边又说"《义疏》则以北派学者的成果为中心。就此而言，南北学术通过《五经正义》而实现统一，是不言而喻的事"。（页21—22）

〔3〕宋辽之间在对战期后，采取了缔结盟约的和平共存政策。虽然通说将两者关系一律理解为"叔侄"，但这不过是指订盟当时双方皇帝的

关系，实际上两国之间的上下关系，是随着双方皇帝的世代、年龄关系而改变的（中村惇二《宋辽外交交涉の思想史的考察》，东京大学博士学位论文，2012）。当然，虽然宋不一定处于下风，但与唐作为世界帝国君临东亚的格局相比，情况完全不同。

〔4〕一般来说，北宋司马光《资治通鉴》在三国时代的部分是以魏为中心，与此相对，朱熹对同书所作的改编即《通鉴纲目》中，则明确将蜀视为延续了汉朝的正统王朝。另外，书名的"鉴"，是"学史为鉴，不重蹈覆辙"的意思。

〔5〕关于这部著作的日文训读及注释，可参见斋木哲郎《孫復〈春秋尊王発微〉通解稿（全）》（2001）。

〔6〕参见妹尾达彦《唐代长安城与关中平野的生态环境变迁》等文（1998，1999，2005）。

〔7〕五德终始是指历代王朝基于各自对应的五行（称为"德"），按照五行（木火土金水）相生的顺序进行改朝换代的理论。这一理论在汉代出现，此后在王朝间的禅让中发挥了重要作用。到宋代，遭到道学（朱子学即其中一派）的否定，于是宋代以后的王朝交替不再采用这一理论。参见小岛毅《天道・革命・隠逸：朱子学的王権をめぐって》（2002）等。

〔8〕渡边义浩《儒教と中国："二千年の正統思想"の起源》（2010）。公羊学、谷梁学是解释《春秋》的流派，与左氏学并称"《春秋》三传之学"。

〔9〕据佐藤仁《宋代の春秋学》（2007）考证，与范仲淹见面时，孙复约三十岁。

〔10〕《道学传》是在历代正史中，仅见于《宋史》的独特篇章，集中收录了周敦颐以来各位道学家的传记。与其他正史都有的《儒林传》不

同,该传的设立应该是想凸显道学家的正统性。《宋史》卷191《儒林传二》孙复本传则没有介绍他和范仲淹的故事。

〔11〕不过,据说明代生活文化颇有蒙古遗风,也有不少元代传入的西域元素。它们延续至今,成为中国"传统文化"的一部分。一般认为形成于唐宋之间的中国文化,其实在元代发生了很大变化。

参考文献

小岛毅:《天道·革命·隐逸:朱子学的王権をめぐって》,收入网野善彦、桦山纮一、宫田登、安丸良夫、山本幸司编《宗教と権威》(岩波讲座《天皇と王権を考える4》),岩波书店,2002。

斋木哲郎:《孫復〈春秋尊王発微〉通解稿(全)》,鸣门教育大学学校教育学部社会系教育讲座伦理学研究室,2001。

佐藤仁:《宋代の春秋学:宋代士大夫の思考世界》,研文出版,2007。

妹尾达彦:《唐代长安城与关中平野的生态环境变迁》,载史念海编《汉唐长安与黄土高原》,陕西师范大学中国历史地理研究所,1998。

妹尾达彦:《中華の分裂と再生》,《岩波講座世界歷史9:中華の分裂と再生——三~一三世紀》,岩波书店,1999。

妹尾达彦:《前近代中国王都論》,收入《アジア史における社会と国家》,中央大学人文科学研究所研究丛书37,2005。

野间文史:《〈五经正义〉の研究:その成立と展開》,研文出版,1998。

渡边义浩:《儒教と中国:"二千年の正統思想"の起源》,讲谈社,2010。

本篇初载于秋田茂编《"世界史"的世界史》(《"世界史"の世界史》,Minerva 书房,2016)。该书不是对各国历史的单纯汇编,而是建构真正世界史的一次尝试。

后　记

2018年是明治维新（1868）一百五十周年，自2016年起已出版了不少相关书籍。本书也是其中一种，但与那些歌颂"明治维新是日本黎明"的书籍相比，存在很大差异。

儒教在日本广为人知，然而对它的偏见和误解也一直在蔓延。教科书上关于儒教是"孔子、孟子所讲授的教诲"这种理解，倒也说得不错，但由福泽谕吉提出、为司马辽太郎所继承的一种说法，即"看到中国和朝鲜的现状，就知道儒教是不适合近代的封建思想"，则是对事实的极度误解。近年也有美国人出书表达了类似看法，而且颇有市场。摇头叹息之余，不得不承认我们儒教研究者的影响实在太微弱。

不愿坐视事态恶化，正是本书出版的动机。很庆幸2011年在亚纪书房出版的《让"历史"动起来》（《"歴史"を動かす》）时曾对笔者多加关照的足立惠美，转职到晶文社后接受了本书的出版。

本书收入的是最近十年间发表在各处的文章，并且主要是发表在一般杂志的文章和演讲记录，而非学术论文。收入时所做的修订仅限于文字讹误、内容错谬以及时代表述等方面。所论范围虽从1世纪延伸到19世纪，是儒教在日本的发展过程。各篇的出处及执笔缘由，均附记于各篇末尾。

2018年固然可以为"明治维新一百五十周年"而大做文章，但这一年同时也是唐朝立国一千四百周年，以及明朝立国六百五十周年。正如本书所述，中国历代王朝中，唐和明因与日本有正式的外交关系（朝贡）而与日本关系匪浅，在文化上也为日本带来了重大影响。虽然明治时代的脱亚入欧，大大改变了日中之间长期以来的交流性质，但脱亚入欧之所以能轻易完成，也得益于日本从唐和明所学到的儒教思维。遣唐使时代的留学生和遣明使时代的禅僧，带来佛教和儒教，由此创造出日本的传统文化。而且他们不只从中国，也从韩国引入了文化。对这段历史缺乏了解而宣扬反华、反韩论的做法，就是俗语所谓的"仰天而唾"。本书的内容对于专家来说不过是常识，这里则希望能向大众普及。

另外，本书所收部分文章，有的是科学研究费补助金特定领域研究"东亚海域交流与日本文化的形成"（2005—2009，俗称"宁pro"）的研究成果，有的则是在此契机下应邀写成的作品。我虽然是这项共同研究计划的代表，但由于我的铺张和疏忽，在研究费的使用和行政运作方面出现过不少麻烦，造成了开支和时间上的浪费。结果事后评价为B，也给自己留下了不少负面的影响。如今有不少关于"科研费不当使用"的新闻，不过这种现象可能也与制度上的盲点有关。当然后记里不太适合展开这个话题，谨附记于此。

平成二十九年（2017）仲秋望

小岛毅

出版后记

东京大学的小岛毅教授专攻中国思想史，尤其擅长儒教史。近十年来，他在推动史学普及方面成果颇丰，国内曾引进他的《东大爸爸写给我的日本史1·2》《中国思想与宗教的奔流：宋朝》等著述，他以通俗易懂的语言、深入浅出的叙说和客观的立场为读者留下了深刻印象。

在本书中，小岛毅教授一方面发挥了他功力深厚的学术专长，将枝蔓旁逸斜出的儒学交流史梳理得清晰整洁，并分析了儒学传播对日本和东亚历史的政治意义、社会作用；另一方面，作为面向日本公众的文章和演讲，他以特有的坦诚、直白，引导读者用更加开放的心态看待历史。而这种心态，对于中国读者来说，同样是十分宝贵的。

服务热线：133-6631-2326　188-1142-1266
读者信箱：reader@hinabook.com

后浪出版公司
2022 年 4 月